essentials

Essentials liefern aktuelles Wissen in konzentrierter Form. Die Essenz dessen, worauf es als „State-of-the-Art" in der gegenwärtigen Fachdiskussion oder in der Praxis ankommt. *Essentials* informieren schnell, unkompliziert und verständlich

- als Einführung in ein aktuelles Thema aus Ihrem Fachgebiet
- als Einstieg in ein für Sie noch unbekanntes Themenfeld
- als Einblick, um zum Thema mitreden zu können

Die Bücher in elektronischer und gedruckter Form bringen das Fachwissen von Springerautor*innen kompakt zur Darstellung. Sie sind besonders für die Nutzung als eBook auf Tablet-PCs, eBook-Readern und Smartphones geeignet. *Essentials* sind Wissensbausteine aus den Wirtschafts-, Sozial- und Geisteswissenschaften, aus Technik und Naturwissenschaften sowie aus Medizin, Psychologie und Gesundheitsberufen. Von renommierten Autor*innen aller Springer-Verlagsmarken.

Maximilian Klingebiel ·
Norbert Klingebiel · Julia Lackmann

ESG-Aktivismus als neuere Strategievariante aktivistischer Investoren

Maximilian Klingebiel
Düsseldorf, Nordrhein-Westfalen
Deutschland

Norbert Klingebiel
Westfälische Hochschule
Gelsenkirchen, Deutschland

Julia Lackmann
Westfälische Hochschule
Gelsenkirchen, Deutschland

ISSN 2197-6708 ISSN 2197-6716 (electronic)
essentials
ISBN 978-3-658-49057-7 ISBN 978-3-658-49058-4 (eBook)
https://doi.org/10.1007/978-3-658-49058-4

Die Deutsche Nationalbibliothek verzeichnet diese Publikation in der Deutschen Nationalbibliografie; detaillierte bibliografische Daten sind im Internet über https://portal.dnb.de abrufbar.

Springer Gabler ist ein Imprint der eingetragenen Gesellschaft Springer Fachmedien Wiesbaden GmbH und ist ein Teil von Springer Nature.
Die Anschrift der Gesellschaft ist: Abraham-Lincoln-Str. 46, 65189 Wiesbaden, Germany

Wenn Sie dieses Produkt entsorgen, geben Sie das Papier bitte zum Recycling.

Was Sie in diesem *essential* finden können

- Eine Einordnung des Shareholder Activism bezüglich der bisherigen Entwicklungsschritte und der aktuellen Intensität.
- Skizzierung der wichtigsten Akteure aktivistischer Kampagnen und ihrer jeweiligen Interessenslagen.
- Beschreibung der wichtigsten aktivistischen Strategievarianten mit einer wertsteigernden bzw. wertvernichtenden Ausrichtung.
- Ausgehend von einer inhaltlichen Auseinandersetzung des Akronyms „ESG" erfolgt eine Auseinandersetzung mit den Besonderheiten des ESG-Aktivismus und eine Darstellung dessen Neuigkeitsgrad gegenüber den bisher bereits vorliegenden aktivistischen Strategievarianten.

Interessenkonflikt Die Autor*innen haben keine für den Inhalt dieses Manuskripts relevanten Interessenkonflikte.

Inhaltsverzeichnis

Über die Autoren

M. Klingebiel
Düsseldorf, Deutschland
E-Mail: maximilian.
klingebiel@gmail.de

Dr. Maximilian Klingebiel absolvierte ein Studium der Humanmedizin mit anschließender Promotion zum Dr. med. über ein herzchirurgisches Thema an der Heinrich-Heine-Universität in Düsseldorf. Parallel studierte er Wirtschaftswissenschaft (Schwerpunkte: Finanzen/Rechnungswesen) an der FernUniversität Hagen mit dem Abschluss Master of Science. Er absolvierte die Facharztausbildung Radiologie am Universitätsklinikum in Düsseldorf und war anschließend als Unternehmensberater mit dem Schwerpunkt Gesundheitswesen bei der Boston Consulting Group tätig. Seit 2023 ist er Facharzt für Radiologie bei einem großen radiologischen MVZ. Seine betriebswirtschaftlichen Interessenschwerpunkte sind auf die Bereiche Gesundheitsökonomie/Krankenhausmanagement und wertorientierte Unternehmensführung ausgerichtet

N. Klingebiel
Westfälische Hochschule,
Gelsenkirchen, Deutschland
E-Mail: norbert.klingebiel@
w-hs.de

Prof. Dr. Norbert Klingebiel (em.) studierte an den Universitäten Essen und Köln Wirtschaftswissenschaften bzw. Betriebswirtschaft. Zudem erfolgte eine externe Promotion an der Universität Stuttgart und eine Ernennung zum Privatdozenten an der Universität St. Gallen. Von 1994 bis 2024 hat er den Bereich Rechnungswesen/Controlling an der Westfälischen Hochschule (Campus Gelsenkirchen) im Fachbereich Wirtschaft vertreten. Er war von 2008–2024 Dozent an der ZHAW, Winterthur, sowie von 2004–2024 Geschäftsführer der Amacon GmbH in Düsseldorf. Vor der Berufung zum Hochschullehrer übte er mehrjährige leitende Tätigkeiten bei einem Automobilhersteller und einem int. Mischkonzern aus. Er hat zahlreiche Publikationen zu den Themenbereichen Controlling, Kostenmanagement, Performance Measurement und Shareholder Activism verfasst.

J. Lackmann
Westfälische Hochschule,
Gelsenkirchen, Deutschland
E-Mail: julia.lackmann@w-hs.de

Prof. Dr. Julia Lackmann studierte Wirtschaftswissenschaften an der Ruhr-Universität Bochum und an der University of Western Australia, Perth. Im Anschluss promovierte sie als wissenschaftliche Mitarbeiterin am Lehrstuhl für theoretische BWL I (Unternehmensprüfung) und forschte zudem am Lehrstuhl für Accounting, insbesondere Auditing an der Ruhr-Universität Bochum im Bereich der Nachhaltigkeitsberichterstattung. Von 2010 bis 2014 war sie bei zwei DAX40-Unternehmen aus der Energieversorgung im Controlling und im externen Rechnungswesen tätig. Seit 2014 hat sie die Professur für Betriebswirtschaftslehre, insbesondere Rechnungswesen und Nachhaltigkeitsberichterstattung an der Westfälischen Hochschule inne. Publikationen zur Nachhaltigkeitsberichterstattung, insbesondere im Kontext regulatorischer EU-Vorgaben, stellen einen ihrer Forschungs- und Interessenschwerpunkte dar.

Abkürzungsverzeichnis

Abb.	Abbildung
AG	Aktiengesellschaft
AktG	Aktiengesetz
ARUG	Gesetz zur Umsetzung der Aktionärsrichtlinie
BaFin	Bundesanstalt für Finanzdienstleistungsaufsicht
BCG	Boston Consulting Group
bspw.	beispielsweise
bzw.	beziehungsweise
ca.	circa
CalPERS	California Public Employees´ Retirement System
CEO	Chief Executive Officer
CFO	Chief Financial Officer
CO_2	Kohlenstoffdioxid
CSDDD	Corporate Sustainability Due Dilligence Directive
CSR	Corporate Social Responsibility
CSRD	Corporate Sustainability Reporting Directive
DAX	Deutscher Aktienindex
ESG	Environment Social Governance
ESRS	European Sustainability Reporting Standards
ETF	Exchange Traded Fund
EU	Europäische Union
ISS	Institutional Shareholder Services
M&A	Merger & Acquisitions
o. J.	ohne Jahr

S.	Seite
sog.	sogenannte
TCI	The Children´s Investment Fund
UNEP FI	United Nations Environment Programme Finance Initiative
USA	United States of America
vgl.	vergleiche
z. B.	zum Beispiel

Abbildungsverzeichnis

Ausgangslage

Die Kapitalmärkte werden weltweit von zwei scheinbar widersprüchlichen Entwicklungen geprägt. Einerseits wird ein immer größerer Vermögenswert passiv verwaltet (keine aktive Steuerung z. B. via ETFs (Exchange Traded Funds) bzw. Index-Fonds), andererseits nimmt die Bedeutung von aktivistischen Investoren (die Termini „aktivistische Investoren" und „Aktivisten" werden nachstehend synonym verwendet und im Abschn. 2.2 näher erläutert) zu (vgl. Hoffmann und Fieseler 2022, S. 474). Ein wachsendes passiv verwaltetes Vermögen bei einer parallel zu beobachtenden geringen Präsenz der Aktionäre bei Hauptversammlungen stärkt die Bedeutung aktivistischer Investoren (vgl. Gerlicher 2017, S. 155–157). Parallel sind nicht-aktivistische Investoren zunehmend bereit, die Forderungen von aktivistischen Investoren gegenüber den Vorständen bzw. Aufsichtsräten von Aktiengesellschaften z. B. bezüglich der strategischen, finanziellen, umweltbezogenen und ethischen Unternehmensentwicklung zu unterstützen; hieraus ergibt sich eine zusätzliche Stärkung von Aktivisten.

Die zwischenzeitlich in Verbindung mit vielen Unternehmensaktivitäten anzutreffende Abkürzung ESG steht für Environment (Umweltschutz), Social (soziale Gerechtigkeit) und Governance (gute Unternehmensführung). ESG-Aspekte prägen zunehmend sowohl die Geschäftsaktivitäten börsennotierter Unternehmen als auch die Unternehmensfinanzierung durch Eigenkapital- und Fremdkapitalgeber sowie das Entscheidungsverhalten von Investoren und Stimmrechtsberatern z. B. in der Hauptversammlung (vgl. Herchen et al. 2022, S. 53). Die konsequente Beachtung der Einflussbereiche von ESG-Faktoren wird dabei als geeignet angesehen, sehr unterschiedlich auf den Unternehmenswert positiv einwirken zu können (vgl. Henisz et al. 2019, S. 3–5). Exemplarisch wird häufig auf die Bedeutung einer guten ESG-Performance für die Finanzierung bzw. die Kapitalkosten

M. Klingebiel et al., *ESG-Aktivismus als neuere Strategievariante aktivistischer Investoren*, essentials, https://doi.org/10.1007/978-3-658-49058-4_1

von Unternehmen verwiesen, da hier beispielsweise verstärkt Unternehmen mit einem starken CO_2-Fußabdruck (z. B. Automobil- oder Zementindustrie) oder Unternehmen mit globalen Lieferketten einem Risiko von erhöhten Kapitalkosten ausgesetzt sind, wenn nicht über ein aussagekräftiges ESG-Reporting eine Bewertung als „attraktives" Risiko erreicht werden kann.

Der Schwerpunkt des vorliegenden *essentials* liegt in der Aufarbeitung und Einordnung bzw. Abgrenzung des ESG-Aktivismus gegenüber anderen aktivistischen Strategievarianten. Hierbei erfolgt eine Fokussierung auf betriebswirtschaftliche Aspekte. Die umfassenden juristischen Besonderheiten, die mit aktivistischen Kampagnen unmittelbar verbunden sind, werden dabei nur begleitend angesprochen. Zudem werden sogenannte „räuberische Aktionäre" von der Betrachtung ausgenommen, bei denen nicht die Rendite einer Investition bzw. Beteiligung im Vordergrund steht, sondern der Erwerb einer Aktie primär das Ziel hat, Mitgliedschaftsrechte zu erwerben, die dann missbräuchlich genutzt werden (vgl. Gotthardt und Krengel 2018, S. 875; Schmidt 2020, S. 2494).

Shareholder Activism

2

Für eine umfassende Betrachtung bzw. Aufarbeitung des ESG-Aktivismus bildet die Einordnung des Shareholder Activism eine zentrale Grundlage. Zudem ist eine Beschreibung der relevanten Akteure und ihrer jeweiligen Interessen bzw. Ziele notwendig, wovon die Entwicklung des Shareholder Activism wesentlich geprägt wird.

2.1 Ursprung, Entwicklungsschritte und Intensität des Shareholder Activism

Die Anzahl der institutionellen Investoren (siehe hierzu Abschn. 2.2) und deren Bedeutung ist insbesondere in den USA seit den 1950er-Jahren erheblich angestiegen; zeitlich versetzt ist eine ähnliche Entwicklung auch in Deutschland zu beobachten (vgl. Nicolai und Thomas 2004, S. 20). Traditionell verhielten sich institutionelle Anleger in der Wahrnehmung ihrer Aktionärsrechte bzw. bei ihren Finanzanlagen eher passiv. Dieses Selbstverständnis hat sich seit den 1980er-Jahren verändert, wofür sich der Begriff des Investoren-Aktivismus oder Shareholder Activism (Shareholder-Aktivismus) gebildet hat (vgl. Smith 1996, S. 227); nachstehend wird der Terminus „Shareholder Activism" verwendet. Exemplarisch für diese Entwicklung steht der amerikanische Pensionsfonds „California Public Employees´ Retirement System" (CalPERS), wobei insgesamt in den USA öffentliche Pensionsfonds als Wegbereiter des heutigen Shareholder Activism gesehen werden (vgl. Klingebiel 2001, S. 12–13; Landsittel 2019, S. 34).

Nach einer ersten intensiven Phase aktivistischer Maßnahmen von institutionellen Investoren in den 1980er-Jahren ist seit der Jahrtausendwende eine Renaissance aktivistischer Kampagnen zu beobachten. Gemäß den Erhebungen von Lazard stieg die Anzahl aktivistischer Kampagnen von 2013 bis 2024 weltweit bzw. in Europa gegenüber 2013 wellenförmig an Abb. 2.1. Aufgrund ihrer wachsenden Finanzkraft können sich aktivistische Investoren bei immer größeren und auch profitablen Unternehmen engagieren. Unverändert liegt der Schwerpunkt der aktivistischen Aktivitäten in den USA, jedoch werden europäische Unternehmen immer wichtiger.

Ein generelles Problem bei der Feststellung von Veränderungen des Unternehmenswerts durch aktivistische Aktivitäten besteht darin, dass ein größerer Anteil aktivistischer Kampagnen für Unbeteiligte verborgen bleibt. Die Wertveränderung dieser nicht transparenten aktivistischen Kampagnen kann naturgemäß kaum quantifiziert werden, wodurch die in veröffentlichten Studien festgestellten Ergebnisse zum Wertbeitrag aktivistischer Kampagnen zumindest eine verzerrte Aussagekraft haben (vgl. Bassler 2015, S. 415–417).

Zwischenzeitlich sind Entwicklungen erkennbar, wonach aktivistische Maßnahmen auch die Einforderung von nachhaltigen Veränderungen bei den Unternehmen in den Bereichen Diversity (z. B. im Vorstand und Aufsichtsrat) und

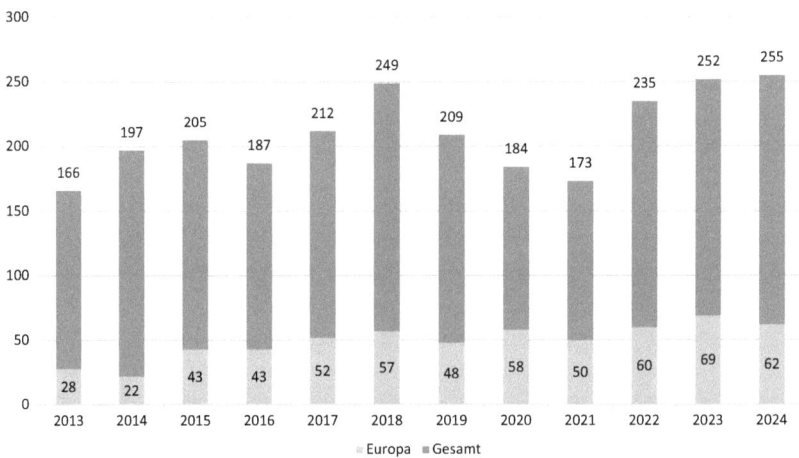

Abb. 2.1 Aktivistische Kampagnen weltweit und in Europa in der Zeit von 2013–2024. (Quelle: Eigene Darstellung auf der Datenbasis von Lazard 2018, S. 2 und 12; Lazard 2025, S. 4)

Gender Pay Gap umfassen können. Generell können dem Shareholder Activism alle Bereiche zugeordnet werden, die im Wertekanon eines modernen Unternehmens relevant sind, wie die Wahrung von Umweltschutz, sozialen Standards und ethischen Standards in der Unternehmensführung. Exemplarisch können hier die Achtung von Menschenrechten, Datenschutz, Korruptionsvermeidung, Klimaschutz, Transparenz, Umweltschutz, Naturschutz, Tierschutz, Arbeitsbedingungen oder soziales Engagement angeführt werden (vgl. Abel et al. 2019, S. 118). Im Rahmen des vorliegenden Beitrags erfolgt eine Konzentration auf die Erreichung von finanziellen bzw. ökonomischen Ziele eines Unternehmens; hierzu können die vorstehend exemplarisch geforderten Veränderungen zur Verstärkung des (Außen-)Drucks gegebenenfalls einen Beitrag leisten.

2.2 Akteure aktivistischer Kampagnen

Grundsätzlich kann jeder Aktionär als aktivistischer Investor wirken (vgl. Brückner 2023, S. 26). Als Akteure von aktivistischen Kampagnen stehen im vorliegenden Beitrag institutionelle Investoren im Mittelpunkt der Betrachtung. Die Gruppe der institutionellen Investoren wird von Privatanlegern mit der Verwaltung ihres Vermögens mit dem Ziel beauftragt, eine maximale Rentabilität bei einem kalkulierbaren Risiko und einer festgelegten Fälligkeit zu erreichen (vgl. Davis und Steil 2001, S. 12). Durch die Bündelung des zu verwaltenden Vermögens können sie gegenüber privaten Investoren Skaleneffekte nutzen; zudem kann durch ein breit diversifiziertes Portfolio das Risiko des Investments reduziert werden. Gleiches gilt für eine hohe finanzwirtschaftliche Expertise sowie umfassende Marktkenntnisse.

Aufgrund von Abgrenzungsschwierigkeiten liegt bisher eine gesetzliche Definition zum Terminus „institutionelle Investoren" nicht vor (vgl. Kolat 2014, S. 14). Auf der Basis der hierzu in der Literatur vorliegenden begrifflichen Abgrenzungen kann in Anlehnung an Bassler (2015, S. 81) auf folgende Merkmale als prägend für diese Gruppierung verwiesen werden, wobei mehrheitlich private Investoren ausgegrenzt werden (vgl. Heinen 2019, S. 10):

- Verwaltung großer Vermögensvolumina und deren Anlage am Kapitalmarkt,
- Anwendung einer professionellen Anlagelogik/-technik sowie
- Auftreten dieser Institution als juristische Person.

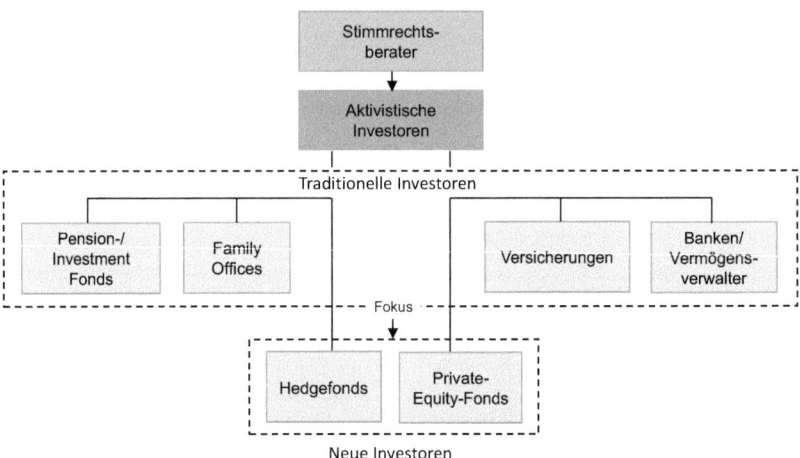

Abb. 2.2 Struktur aktivistischer Investoren. (Quelle: Eigene Darstellung)

Als aktivistische Investoren werden in der breiten Öffentlichkeit primär Hedge-fonds wahrgenommen Abb. 2.2. Der Kreis der relevanten aktivistischen Inves-toren umfasst neben den Hedgefonds insbesondere Investmentfonds, Pensi-onsfonds, Banken, Vermögensverwalter, Versicherungen, Family Offices und Private-Equity-Fonds (vgl. Kolat 2014, S. 16–18; Schockenhoff und Culmann 2015, S. 297). In den letzten Jahren sind vor allem Hedgefonds und Private-Equity-Fonds prominente Vertreter der aktivistischen Investoren in den USA (vgl. Landsittel 2019, S. 35) und stehen auch im Mittelpunkt des vorliegenden Beitrags, besonders gekennzeichnet als „neue Investoren" (vgl. ergänzend Kolat 2014, S. 129–132).

2.3   Ziele, Strategien und Vorgehensweise aktivistischer Investoren

Entsprechend der Heterogenität institutioneller Investoren unterscheiden sich die Zielsetzungen aktivistischer Maßnahmen. Gleiches gilt für die Strategien und die jeweilige Vorgehensweise, wobei sich diese im Zeitverlauf in ihrer Ausrichtung und Intensität verändert haben und zukünftig weitere Anpassungen zu erwarten sind.

2.3.1   Zielsetzungen und Strategievarianten aktivistischer Investoren

In Verbindung mit den aktivistischen Strategievarianten (Erläuterung nachstehend) ist eine Abgrenzung zwischen „aktivistischen Investoren" und „aktivistischen Aktionären" vorzunehmen. Aktivistische Aktionäre übernehmen freiwillig ein kritisches Monitoring einer Aktiengesellschaft bzw. eines Emittenten. Hierbei werden vielfältige Informationen ausgewertet und strategische Alternativen entwickelt, die der aktivistische Aktionär für erfolgreicher bewertet als die vom derzeitigen Management verfolgte Strategie. Würde das Management des Zielunternehmens diese strategischen Alternativen umsetzen, dann würde – so die Erwartung der aktivistischen Aktionäre – der Aktienkurs steigen bzw. eine Wertsteigerung des Unternehmens und eine Entlohnung für die Informationsverarbeitung sowie die Entwicklung der Strategiealternativen erfolgen (vgl. Langenbucher et al. 2019, S. 308). Von der Gruppierung der aktivistischen Aktionäre sind Investoren abzugrenzen, die einen Kursverfall (Wertvernichtung) beim Zielunternehmen anstreben. Diese Investoren verkaufen in der Umsetzung ihrer Strategie (Short-Selling) Aktien und können folglich nicht als aktivistische Aktionäre bezeichnet werden. Während also der Terminus „aktivistischer Investor" sowohl die Maßnahmen eines Akteurs mit der Zielsetzung einer Kurssteigerung oder des Kursverfalls umfasst, beschreibt der Begriff des „aktivistischen Aktionärs" nur die Maßnahmen eines Akteurs mit dem Ziel einer Kurssteigerung.

Entsprechend der breiten Ausrichtung der in der Abb. 2.2 aufgenommenen aktivistischen Investoren unterscheiden sich ihre jeweiligen Zielsetzungen teilweise erheblich (vgl. Klingebiel und Klingebiel 2022c, S. 5). In Abhängigkeit von der Ausrichtung des Investors und der verfolgen Strategie wird nicht von allen Investoren eine kurzfristige Gewinnmaximierung durch aggressive Kampagnen verfolgt. Langfristig ausgerichtete Investoren (z. B. Pensionsfonds) streben eher eine dauerhafte Zusammenarbeit an, die sich positiv auf die Unternehmensentwicklung auswirken kann. Entsprechend können auch „feindliche" (aggressive) und „freundliche" aktive bzw. aktivistische Aktionäre/Investoren unterschieden werden (vgl. Schockenhoff und Culmann 2015, S. 297).

Aufgrund der hohen Intensität und der Breite an aktivistischen Strategievarianten Abb. 2.3 dürfte es heute in Deutschland kaum noch eine Aktiengesellschaft geben, die nicht schon mit einer Strategievariante eines aktivistischen Investors konfrontiert wurde (vgl. Link 2021, S. 905). Bei den Strategievarianten wird nachfolgend zwischen wertsteigernden Strategien und wertvernichtende Strategie (Short Seller-Aktivismus) unterschieden (vgl. Klingebiel und Klingebiel 2022a, S. 1040–1042).

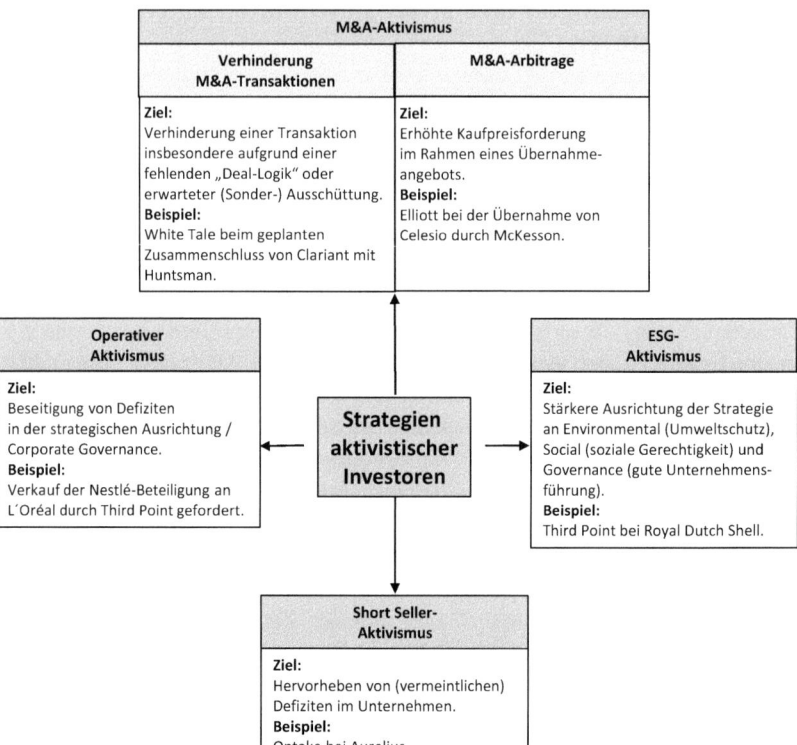

Abb. 2.3 Strategievarianten aktivistischer Kampagnen. (Quelle: Eigene Darstellung)

2.3.2 Wertsteigernde Strategien

Bei einer wertsteigernden (Long-) Strategie erwirbt ein Aktivist Aktien eines Zielunternehmens mit der Erwartung, dass die durch den Aktivisten bzw. die Aktivisten (wolf pack bzw. Wolfsrudeltaktik) bei der Unternehmensführung initiierten Maßnahmen eine erhebliche Kurssteigerung oder Sonderausschüttung und damit die angestrebte Rendite aus der Beteiligung erreicht werden kann (vgl. Link 2021, S. 907). Aktivistische Aktionäre erwerben in Abhängigkeit von der verfolgten Strategie und der Unternehmensgröße häufig eine Beteiligung zwischen 1 % und 25 % (meist 5 %–10 %) am börsennotierten Zielunternehmen (vgl. Schockenhoff und Culmann 2015, S. 297), wobei zwischenzeitlich allerdings über aktivistische Investoren am Kapitalmarkt berichtet wird, deren Beteiligung deutlich unter 1 % liegen kann.

Im Unterschied zu passiv agierenden Aktionären versuchen aktivistische Investoren nach dem Aufbau der Beteiligung Einfluss auf die Unternehmensführung zu nehmen. Die Vorgehensweise der aktivistischen Investoren wird dabei von der verfolgten Strategie und ihrer zeitlichen Ausrichtung maßgeblich bestimmt. Wird eine längerfristige bzw. unternehmenswertsteigernde Strategie verfolgt (hier dargestellt für die wertsteigernde Strategievariante des „Operativen Aktivismus"), wird seitens der Investoren – zumindest in der Frühphase des Kontakts – ein freundlicher bzw. konstruktiver Dialog mit der Unternehmensführung des Zielunternehmens gesucht. Möglich ist hierbei auch die Forderung nach einem Aufsichtsratssitz (vgl. Schockenhoff und Culmann 2015, S. 297). Exemplarisch hierzu kann auf die Berufung von Jeffrey Ubben in den Nachhaltigkeitsrat (2023–2024) bzw. Aufsichtsrat von Bayer im Frühjahr 2024 verwiesen werden, wobei Ubben Gründer des aktivistischen Investmentfonds „Inclusive Capital Partners" ist, der zuvor einen Anteil von 0,8 % an Bayer erworben hat; zudem wird Ubben eine besondere Expertise bei ESG-Themen zuerkannt (vgl. Jansen 2024). Die Einbringung von Ubben bei Bayer zeigt deutlich die Lernkurve deutscher Publikumsgesellschaften im Umgang mit aktivistischen Investoren. An die Stelle von Konfrontation ist zunehmend der Dialog getreten, denn das von Aktivisten verfolgte Ziel der Wertsteigerung wird meist auch von den anderen aktivistischen Investoren geteilt (vgl. Döring 2024, S. 2).

Zur Umsetzung der angestrebten Einflussnahme auf die Unternehmensführung nutzen die Aktivisten nicht nur die nach dem Aktiengesetz zustehenden formellen Aktionärsrechte (vgl. Brune 2024, S. 36–38). Hierzu gehören insbesondere die Einberufung oder die Ergänzung der Tagesordnung der Hauptversammlung, die Nutzung des Rede- und Stimmrechts oder die Beantragung von Sonderprüfungen (vgl. Link 2021, S. 909). Zusätzlich werden verschiedene informelle Maßnahmen eingesetzt (vgl. Gröntgen 2020, S. 39–42), die sich zwischen den verschiedenen institutionellen Investoren und deren jeweils verfolgter Strategie unterscheiden können.

Die Kontaktaufnahme seitens der Aktivisten erfolgt nicht zwangsläufig als visible bzw. öffentliche Kampagne, sondern kann auch im Rahmen einer vertraulichen Kontaktaufnahme erfolgen (vgl. Kocher 2016, S. 2889). Verschiedentlich wird der Anteil der nicht öffentlichen Kontaktaufnahme mit ca. 50 % angegeben (vgl. z. B. Heismann 2015, S. 14; Morgan 2014, S. 9), wobei naturgemäß derartige Angaben nicht verifiziert werden können. Short-Kampagnen werden hingegen regelmäßig als öffentliche Kampagne angelegt (vgl. Link 2021, S. 909). Bei aktivistischen Kampagnen mit einer ESG-Ausrichtung wird neben einem rechtlichen und faktischen Druck noch ein moralischer Anspruch erhoben, wodurch ein zusätzlicher Öffentlichkeitsdruck und die Unterstützung von institutionellen Investoren und Stimmrechtsberatern erreicht werden soll (vgl. Zehmen von und Herchen 2021).

2.3.2.1 Operativer Aktivismus

Gemäß den Erhebungen empirischer Untersuchungen (vgl. z. B. Bundesverband der Unternehmensjuristen und CMS 2018, S. 48) finden die verschiedenen Aktivitäten des „Operativen Aktivismus" in den aktivistischen Kampagnen bzw. den Fachbeiträgen (vgl. Herfs 2019, S. 256; Schmundt 2016, S. 206) die intensivste Anwendung bzw. Beachtung. Verschiedentlich findet sich auch für diese Strategievariante der Terminus „Corporate Governance Activism", da der Fokus dieser Strategievariante auf Maßnahmen zur Verbesserung der Corporate Governance liegt (vgl. Plagemann und Rahlmeyer 2015, S. 895–896). Häufig haben Aktivisten mit der Ausrichtung „Operativer Aktivismus" einen deutlich längeren Anlagenhorizont als bei den anderen Strategievarianten (vgl. Albath 2022, S. 52). Die in der Abb. 2.4 für diese Strategievariante als exemplarisch aufgenommenen Aktivitäten lassen erkennen, dass ihre Umsetzung regelmäßig einen längeren Zeitraum beanspruchen.

- Anpassung der Corporate Governance

Bei 52 % der festgestellten Aktivitäten zum „Operativen Aktivismus" wurden in einer BCG-Studie Maßnahmen mit einem Bezug zur Corporate Governance festgestellt (vgl. Jostarndt et al. 2020, S. 10), womit eine deutliche Dominanz gegenüber den anderen Gruppierungen bzw. Wert(-steigerungs)hebeln konstatiert werden kann. Vergleichbare Studien kommen zu einem ähnlichen Ergebnis, wobei verschiedentlich eine weitere inhaltliche Differenzierung (z. B. Board Related Activism/Other Governance/Remuneration) vorgenommen wird (vgl. z. B. Deloitte 2018, S. 13). Ergänzend ist darauf hinzuweisen, dass aktivistische Kampagnen mit dem Fokus „Corporate Governance" sich gegenüber anderen Zielsetzungen als erfolgreicher erweisen (vgl. Birshan et al. 2020, S. 3).

- Strategische Ausrichtung und M&A-Aktivitäten

Die Zielsetzungen von aktivistischen Kampagnen variieren in ihrer Bedeutung im Zeitverlauf. So können neuartige Zielsetzungen hinzukommen oder aber die relative Bedeutung einzelner Zielsetzungen kann sich verschieben. Themen der Corporate Governance kamen in den 80er-/90er-Jahre stärker in den Fokus der

Wertsteigerungshebel	Maßnahmen
Operativer Aktivismus	
Anpassung Corporate Governance	• Anpassung Vergütung Vorstand / Aufsichtsrat • Neubesetzung Vorstand(s) / -Vorsitzender • Neubesetzung Aufsichtsrat(s) / -Vorsitzender • Sitze aktivistischer Investoren im Aufsichtsrat • Sonderprüfer / Austausch Wirtschaftsprüfer • •
Strategische Neuausrichtung und M&A-Aktivitäten	• Neue Märkte / Produkte • Auflösung Konglomerate / Konglomeratsabschlag • Verkauf / Abspaltung von Unternehmensteilen ohne Relevanz für das Kerngeschäft • Kauf von Unternehmen zur Erzielung von Synergien / Zusammenschluss mit Konkurrenten • Verbesserung Kapitalmarktkommunikation •
Optimierung von Kapitalstruktur und Finanzpolitik	• Erhöhung (Sonder-) Dividende • Verbesserung Kapitaleffizienz (Working Capital / Investitionsvolumen) • Reduzierung / Ausschüttung Liquiditätsreserven • Aktienrückkauf • Verhinderung / Forcierung Kapitalerhöhung • Erhöhung / Zurückführung Verschuldung •
Effizienzsteigerung und Wachstum	• Steigerung des Umsatzes / Gewinns • Verbesserung Kostenniveau / -struktur • Reduzierung Verwaltungskosten • Überprüfung / Eliminierung unprofitabler Leistungsangebote • Fokussierung des Investitionsprogramms (z. B. Digitalisierung) •

Abb. 2.4 Wertsteigernde Aktivitäten des Operativen Aktivismus. (Quelle: Eigene Darstellung)

Aktivisten, während seit der Jahrtausendwende die Einflussnahme auf die strategische Unternehmensausrichtung durch Aktivisten an Bedeutung gewann (vgl. Nicolai und Thomas 2004, S. 20–21). In der vorstehend angesprochenen BCG-Studie wurden bei 29 % der aktivistischen Kampagnen Zielsetzungen mit einer Verbindung zur strategischen Ausrichtung und M&A-Aktivitäten konstatiert (vgl. Jostarndt et al. 2020, S. 10). Eine Studie mit einem europäischen Fokus von Alvarez & Marsal kommt in der Reihenfolge der Zielsetzungen zum gleichen Ergebnis, wenn die dort getrennt ausgewiesenen Ausrichtungen „M&A" und „Operations/Strategy" zusammengefasst werden (vgl. Alvarez & Marsal 2024, S. 10). Die angesprochenen M&A-Aktivitäten können dabei die Abspaltung von Unternehmensbereichen als auch die Ergänzung einzelner Bereiche über einen Beteiligungskauf umfassen (vgl. AlixPartners 2019, S. 10).

• Optimierung von Kapitalstruktur und Finanzpolitik

Die Optimierung von „Kapitalstruktur und Finanzpolitik" steht bei 10 % der aktivistischen Kampagnen in der BCG-Studie im Zentrum der Aktivitäten (vgl. Jostarndt et al. 2020, S. 10); vorstehend angesprochene Studie von Alvarez & Marsal kommt zu einem ähnlichen Ergebnis (vgl. Alvarez & Marsal 2024, S. 10). Für derartige Aktivitäten findet sich teilweise auch der Begriff des „Balance Sheet Activism" (vgl. z. B. Credit Suisse 2016, S. 8). Hierzu gehören insbesondere Kapitalmaßnahmen und eine Bewertung, ob eine zu hohe Liquidität vorgehalten wird. In der Bewertung der Aktivisten ist die Bilanz des Zielunternehmens häufig zu konservativ (zu hohe Eigenkapitalquote) strukturiert, weshalb die Fremdkapitalquote zu erhöhen und die dadurch erhöhte Liquidität auszuschütten sei. Die Forderung seitens der Aktivisten nach einer Reduzierung einer zu hohen Liquidität ist nachvollziehbar, wenn das Unternehmen für die vorgehaltene Liquidität keinen risiko-/renditeadäquaten Verwendungszweck benennen kann. Zu den Kapitalmaßnahmen gehören auch Aktienrückkäufe, wobei hier ein Interessenskonflikt zwischen den verkaufenden und verbleibenden Aktionären zu beachten ist (vgl. Engelhardt 2008, S. 197). Während der verkaufende Aktionär einen hohen Preis für die abzugebende Aktie erzielen möchte, ist der verbleibende Aktionär nur bereit, einen geringen Preis zu zahlen.

• Effizienzsteigerung und Wachstum

Die geringste Bedeutung hat in der BCG-Studie der Wertsteigerungshebel „Effizienzsteigerung und Wachstum", der als zentrale Zielgröße bei 9 % der Kampagnen erhoben wurde (vgl. Jostarndt et al. 2020, S. 10). Aktivistische Maßnahmen mit dem Ziel „Effizienzsteigerung und Wachstum" werden verschiedentlich auch als „Operative activism" bezeichnet (z. B. Credit Suisse 2016, S. 4). Hierunter werden beispielsweise Änderungen am Produktmix, in der Kostenstruktur sowie der Lieferkette und den Vertriebskanälen zur Verbesserung der Ergebnissituation zusammengefasst. Der vergleichsweise geringe Anteil ist in der hohen Komplexität bzw. dem hohen Zeitbedarf derartiger Aktivitäten zu sehen, die im Rahmen ihrer Umsetzung benötigt werden. Auslöser derartiger Kampagnen ist häufig ein schwacher Börsenkurs aufgrund einer im Wettbewerbsvergleich ungünstigen Kostenstruktur bzw. Wachstums-Performance (vgl. AlixPartners 2019, S. 10). Kampagnen mit der Ausrichtung auf „Effizienzsteigerung und Wachstum" haben in den letzten Jahren deutlich an Bedeutung gewonnen, was insbesondere mit der Konvergenz von Hedgefonds und Private-Equity-Fonds begründet wird (vgl. Credit Suisse 2016, S. 4).

2.3.2.2 M&A-Aktivismus

Immer häufiger werden Unternehmenskäufe durch aktivistische Aktionäre beim Zielunternehmen beeinflusst, wobei der Aktivist auf der Seite des bietenden Unternehmens („M&A-Transaktion") oder auf der Seite des Zielunternehmens („M&A-Arbitrage") aktiv werden kann (vgl. Döding 2021, S. 957). Nachstehend werden der Strategievariante des M&A-Aktivismus (verschiedentlich findet sich hierfür auch die Bezeichnung „Deal Activism", vgl. z. B. Rahlmeyer 2016, S. 36) die Verhaltensweisen einer Verhinderung eines beabsichtigten Unternehmenskaufs auf der Bieterseite zugeordnet („M&A-Transaktion") bzw. alternativ die Erhöhung des Kaufpreises/Aktienkurses (M&A-Arbitrage) durchzusetzen. Während beim „Operativen Aktivismus" der Wertsteigerungshebel „Strategische Ausrichtung und M&A-Aktivitäten" primär die angesprochenen M&A-Aktivitäten mit dem Ziel einer angestrebten operativen Verbesserung des Zielunternehmens verfolgt, ist eine derartige Fokussierung beim M&A-Aktivismus kaum gegeben.

- Verhinderung einer angekündigten M&A-Transaktion

Aktivisten versuchen bei dieser Variante eine bereits angekündigte M&A-Transaktion des Zielunternehmens zu verhindern. Als Begründung für diese angestrebte Verhinderung wird auf einen – in der Bewertung der Aktivisten – zu hohen Kaufpreis verwiesen (vgl. Herfs 2019, S. 257), womit im Ergebnis eine vermeintliche Wertvernichtung verhindert und damit eine Werterhaltung beim erwerbenden Unternehmen erreicht werden soll (z. B. White Tale beim geplanten Zusammenschluss von Clariant mit Huntsman). Die Bereitschaft für eine zu hohe Kaufpreiszahlung durch das Management wird primär in der hohen vorgehaltenen Liquidität gesehen. Seitens der Aktivisten wird dagegen statt der (vermeintlich) „übersteuerten" M&A-Transaktion häufig eine Ausschüttung der offenbar nicht unmittelbar benötigten Barmittel an die Aktionäre gefordert. Diese Forderung basiert auf der Prämisse, dass mit der Ausschüttung kein äquivalenter Kursrückgang verbunden ist (wertsteigernder Effekt), da die ausgeschütteten Finanzmittel im Unternehmen ungenutzt waren, sodass durch die Ausschüttung unnötig gebundener Mittel zugunsten der Aktionäre freigesetzt werden (vgl. Link 2021, S. 907). Exemplarisch für diese Strategievariante kann auf die durch Aktivisten verhinderte M&A-Transaktion („Merger of Equals") von Huntsman in 2017 durch den Schweizer Spezialchemiekonzern Clariant verwiesen werden.

- M&A-Arbitrage

Bei einer M&A-Arbitrage (verschiedentlich auch als Risikoarbitrage bzw. Risk
Arbitrage bezeichnet) versucht ein Aktivist, mit seiner Beteiligung die Erreichung
einer Mindestannahmeschwelle bei einem Unternehmenskauf zu blockieren (z. B.
Elliott bei der Übernahme von Celesio durch McKesson). Hierbei erwirbt er kurze
Zeit nach der Ankündigung einer öffentlichen Übernahme eine Beteiligung am
Zielunternehmen oder erhöht eine bereits gehaltene Beteiligung (vgl. Schmidbauer 2023, S. 1014). Will ein Bieter das Zielunternehmen übernehmen, dann
muss er sich erst mit dem Aktivisten einigen, um die Mindestannahmeschwelle
überhaupt erreichen und später gegebenenfalls Strukturmaßnahmen durchführen
zu können (vgl. Graßl und Nikoleyczik 2017, S. 51). Hierzu kommuniziert der
Aktivist häufig sehr öffentlichkeitswirksam, dass der vom Bieter angebotene
Preis für seine Anteile/Aktien zu niedrig ist. Wenn sich der Aktivist weigert,
seine Anteile zum gebotenen Preis zu verkaufen, besteht das Risiko, dass die
ganze Übernahme scheitert. Ein Scheitern des Übernahmeangebots kann unter
Beachtung eines bei Transaktionen häufig angestrebten Synergieeffektes (vgl.
Klingebiel und Klingebiel 2022b, S. 69–71) nachteiliger sein, als die vom Aktivist geforderte Angebotserhöhung. Dieser Preis wird regelmäßig höher sein als
der, den ein Aktivist beim Erwerb seiner Anteile gezahlt hat. Das Ziel besteht
demnach darin, diese Differenz (angebotener/geforderter Preis) im Sinne einer
M&A-Arbitrage bzw. Übernahmearbitrage möglichst hochzutreiben (vgl. Kocher
2016, S. 2887). Die vorstehende Darstellung verzichtet auf eine Unterscheidung
der strategischen Untervarianten „Bumpitrage" und „Appraisal Arbitrage", da
diese häufig kaum trennscharf möglich ist (vgl. Döding 2021, S. 964).

2.3.3   Wertvernichtende Strategie/Short Seller-Aktivismus

Seit 2010 gerieten in Europa über 100 börsennotierte Unternehmen in den Fokus
von aktivistischen Investoren, die über Short Kampagnen bzw. Attacken auf sin-
kende Aktienkurse spekulierten (vgl. Rabe 2021, S. 2). Unter Short Attacken
werden von aktivistischen Investoren vorgelegte negative Unternehmensnachrichten verstanden, mit denen ein drastischer Rückgang beim Aktienkurs des
Zielunternehmens erreicht werden soll (z. B. Ontake bei Aurelius). Entsprechend
sollten sich die Unternehmen frühzeitig und umfassend auf das Szenario von
möglichen aktivistischen Attacken vorbereiten.

Beim Short Seller-Aktivismus wetten Short Seller (Leerverkäufer) auf einen Kursverfall beim Zielunternehmen. Hierbei leiht sich ein Short Seller beispielsweise von einem Fond oder einer Pensionsgesellschaft gegen eine Leihgebühr/ Prämie Wertpapiere bzw. die Aktien des Zielunternehmens und verkauft diese anschließend in der Erwartung, sie später günstig bzw. zu einem geringeren Börsenkurs zurückkaufen zu können. Indem der Short Seller über die geliehenen Aktien nach ihrem Verkauf nicht mehr verfügen kann, hat er sie „leer" verkauft; hieraus erklärt sich auch der deutsche Begriff „Leerverkauf" für „Short Selling". Grundsätzlich ist ein Leerverkauf mit allen Arten von Waren (fungiblen Wirtschaftsgütern) möglich, die geliefert werden können (vgl. Schlimbach 2015, S. 8); innerhalb des vorliegenden „*essentials*" erfolgt eine Fokussierung auf Aktien, die an der Börse gehandelt werden.

Grundlage der Aktivitäten eines Short Sellers ist die vermeintliche Überbewertung eines Zielunternehmens an der Börse, die es über die Veröffentlichung von zutreffenden negativen Unternehmensnachrichten zu korrigieren gilt. Die tatsächliche oder vermeintliche Überbewertung resultiert dabei häufig aus einer (angeblich) falschen oder irreführenden Finanzberichterstattung bzw. eines nicht tragfähigen Geschäftsmodells des Zielunternehmens (vgl. Link 2021, S. 908).

Zwischen Leihe, Verkauf und Rückkauf der Aktien kann ein Short Seller versuchen, den Aktienkurs durch negative Nachrichten im Rahmen von Research Reports (z. B. durch geäußerte Zweifel an der Richtigkeit der veröffentlichten Finanzkennzahlen) oder Interviews (vgl. Brak 2022, S. 27) aktiv negativ zu beeinflussen („Trash and Cash"). Häufig werden Research Reports im Internet veröffentlicht, die zumindest den Anschein einer intensiven Analyse ausstrahlen. Nach Veröffentlichung dieser Reports werden oft Userprofile in diversen Anlegerforen neu geschaffen, die den Inhalt der Research Reports zitieren oder zusammenfassen, damit eine größere Streubreite dieser Informationen erreicht wird (vgl. Commandeur 2020, S. 576).

ESG

3

Das im Jahr 2004 erstmals von der „Finanzinitiative des Umweltprogramms der Vereinten Nationen" (United Nations Environment Programme Finance Initiative, UNEP FI) verwendete Akronym ESG steht – wie bereits im ersten Kapitel angesprochen – für Environmental (Umweltschutz), Social (soziale Gerechtigkeit) und Governance (gute Unternehmensführung), womit teilweise sehr unterschiedliche Aspekte verbunden werden, die qualitativ sowie konzeptionell nur geringe Gemeinsamkeiten aufweisen und bislang unzureichend konkretisiert sind (vgl. Vetter 2023, S. 71). Anhaltspunkte für eine konkretere Zuordnung zu den Inhalten des ESG-Bereichs finden sich in den European Sustainability Reporting Standards (ESRS), die zur ESG-Berichterstattung gemäß „Corporate Sustainability Reporting Directive" (CSRD) für bestimmte Unternehmen anzuwenden sind (vgl. Lackmann et al. 2024, S. 18). Die im Rahmen der CSRD enthaltenen Berichtspflichten werden voraussichtlich durch den Entwurf des ersten sog. Omnibus-Pakets, das am 26.2.2025 von der EU-Kommission veröffentlicht wurde, abgeschwächt. Der grundsätzliche Berichtsrahmen der themenspezifischen ESRS lässt sich trotz der geplanten Abschwächungen inhaltlich grob abschätzen, da einige Übereinstimmungen zu bereits bestehenden Rahmenwerken bestehen und auch beibehalten werden (vgl. European Commission 2025, S. 4–6).

Vor dem Hintergrund einer konkreten inhaltlichen Abgrenzungsproblematik wird für die nachstehenden Ausführungen auf eine ESG-Abgrenzung der Bundesanstalt für Finanzdienstleistungsaufsicht (BaFin) im „Merkblatt zum Umgang mit Nachhaltigkeitsrisiken" verwiesen (vgl. BaFin 2020), die eine exemplarische Aufzählung mit einem vergleichsweise hohen Grad an Konkretisierung aufweist. Mit dieser Aufzählung gibt dieses Merkblatt den von der BaFin beaufsichtigten Unternehmen der Finanzbranche eine detaillierte Orientierungshilfe im Umgang

M. Klingebiel et al., *ESG-Aktivismus als neuere Strategievariante aktivistischer Investoren*, essentials, https://doi.org/10.1007/978-3-658-49058-4_3

Environmental / Umwelt	Social / Soziales	Governance / Unternehmensführung
Klimaschutz	Einhaltung anerkannter arbeits-rechtlicher Standards (keine Kinder- und Zwangsarbeit, keine Diskriminierung)	Steuerehrlichkeit
Anpassung an den Klimawandel		Maßnahmen zu Verhinderung von Korruption
Schutz der biologischen Vielfalt	Einhaltung der Arbeitssicherheit und des Gesundheitsschutzes	Nachhaltigkeitsmanagement durch Vorstand
Nachhaltige Nutzung und Schutz von Wasser- und Meeresressourcen	Angemessene Entlohnung, faire Bedingungen am Arbeitsplatz, Diversität sowie Aus- und Weiter-bildungschancen	Vorstandsvergütung in Abhängigkeit von Nachhaltigkeit
Übergang zu einer Kreislaufwirtschaft, Abfallvermeidung und Recycling		Ermöglichung von Whistleblowing
Vermeidung und Verminderung der Umweltverschmutzung	Gewerkschafts- und Versammlungs-freiheit	Gewährleistung von Arbeitnehmer-rechten
Schutz gesunder Ökosysteme	Gewährleistung einer ausreichenden Produktsicherheit, einschließlich Gesundheitsschutz	Gewährleistung des Datenschutzes
Nachhaltige Landnutzung		Offenlegung von Informationen
	Gleiche Anforderungen an Unter-nehmen in der Lieferkette	
	Inklusive Projekte bzw. Rücksicht-nahme auf die Belange von Gemein-den und sozialen Minderheiten	

Abb. 3.1 Begriffliche ESG-Abgrenzung durch die BaFin. (Quelle: Eigene Darstellung; Basisinformationen aus BaFin 2020, S. 13)

mit Nachhaltigkeitsrisiken Abb. 3.1, die auch für andere Branche hilfreich sein kann.

Durch die Vielzahl umfangreicher gesetzlicher Vorgaben (insbesondere Offen-legungsverpflichtungen aus bspw. der CSRD, der EU-Taxonomie oder der Corporate Sustainability Due Dilligence Directive (CSDDD)) und durch die zwischenzeitlich bestehende hohe Erwartungshaltung der Öffentlichkeit in der Einhaltung von ESG-Standards sehen sich die Unternehmen zunehmend in der Verpflichtung, die Abdeckung dieser ESG-Vorgaben durch entsprechende Ratings nachzuweisen, woraus auch die Aufnahme oder weiter bestehende Zugehörigkeit in einem ESG-Aktienindex resultieren kann (vgl. Lackmann 2010). Wenn aber die ESG-Anforderungskriterien inhaltlich nicht final präzisiert sind, dann kann es nicht überraschen, dass die verschiedenen ESG-Ratings Unterschiede in ihren Ergebnissen aufweisen. Um dem Risiko zu entgehen, die ESG-Anforderungen nicht vollständig abzudecken, legen zahlreiche Unternehmen den Erfüllungsgrad verschiedener ESG-Ratings vor, die in ihrer Ausrichtung teilweise erhebli-che Unterschiede aufweisen (vgl. Da Graca 2022, S. 158). Ob mit den im Nachhaltigkeitsbericht bzw. Geschäftsbericht vorgelegten – häufiger verschiede-nen – ESG-Ratings unmittelbar der Nachweis eines hohen Erfüllungsgrades der

ESG-Anforderungen real einhergeht, kann an dieser Stelle nicht abschließend beantwortet werden. Verschiedentlich wird die Vorlage von zwei bis drei für das Unternehmen passenden Ratings als zielführend angesehen, wobei zu beachten ist, dass auch die als aussagekräftig angesehenen bzw. berichteten Kennzahlen im Zeitverlauf einer Veränderung unterliegen (vgl. Pérez et al. 2022, S. 8). Insgesamt entsteht zumindest der Eindruck, dass die Unternehmen mit der Vorlage verschiedener ESG-Ratings nachweisen wollen, „alles getan zu haben", um die wenig präzisen ESG-Vorgaben zumindest formell erfüllt zu haben.

ESG-Aktivismus

4

Zwischenzeitlich liegen diverse Beiträge zum ESG-Aktivismus vor, wobei häufig auf eine systematische inhaltliche Abgrenzung zu den bereits vorliegenden Strategievarianten aktivistischer Investoren verzichtet wird. Ein derartiger Verzicht erschwert natürlich eine Abgrenzung dahingehend, in welchen Bereichen und wie umfassend der ESG-Aktivismus einen strategiebezogenen Neuigkeitsgrad hat. Dieses Kapitel versucht einen Beitrag zu leisten, selbiges Defizit auszugleichen.

4.1 Grundlagen und thematische Einordnung

Bei den verschiedenen Ausprägungen aktivistischer Strategien (siehe Abb. 2.3) ist ESG (Shareholder) Activism bzw. ESG-Aktivismus (dieser Terminus wird hier verwendet) als die neueste Strategievariante zu werten (vgl. Linden von der und Winkler 2023, S. 41). Verschiedentlich wird ESG weitgehend mit Nachhaltigkeit bzw. Sustainability gleichgesetzt, weshalb einige – insgesamt eher wenige Beiträge – den Begriff „ESG-Aktivismus" durch den Terminus „Sustainability-Aktivismus" (vgl. z. B. Jaspers 2022a, S. 154–156) bzw. „Sustainable Shareholder Activism" (vgl. Fest 2024, S. 269–271) ersetzen.

Die Fokussierung auf ESG-Aspekte soll dabei nicht den Eindruck erwecken, dass die Aktivisten eine altruistische Neuausrichtung privatwirtschaftlicher Unternehmen unterstützen bzw. erwarten. Grundsätzlich weist diese aktivistische Strategievariante die gleichen Zielsetzungen (insbesondere eine attraktive Beteiligungsrendite, Wertsteigerung der Beteiligung) bzw. Umsetzungsmerkmale auf, die auch bei den anderen Strategievarianten zu beobachten sind (siehe

M. Klingebiel et al., *ESG-Aktivismus als neuere Strategievariante aktivistischer Investoren*, essentials, https://doi.org/10.1007/978-3-658-49058-4_4

Abschn. 2.3.2). Die verstärkte Ausrichtung eines Unternehmens auf ESG-Aktivitäten führt – so ist häufig die Erwartung – zu höheren Renditen und zu einem verstärkten Investoreninteresse (vgl. Ruhkamp 2021, S. 50). Ob der ESG-Aktivismus nur temporär Beachtung findet, kann durchaus bezweifelt werden. Hedgefonds wie „The Children's Investment Fund" (TCI) um den Investor Chris Hohn stellen auf ihrer Homepage die Einzelheiten ihrer „ESG Investment Policy" (https://www.tcifund.com/ESG) vor, was durchaus auf einen längerfristigen Fokus hindeutet; ähnliches gilt auch für Private-Equity-Fonds (vgl. Traugott et al. 2021, S. 9).

Eine wichtige Besonderheit ist beim ESG-Aktivismus darin gegeben, dass ein besonderer moralischer Anspruch über die vorgetragenen umweltbezogenen oder sozialen Belange der Aktivisten vorliegt, der zu einem besonderen Außendruck beispielsweise bei der Abwehr derartiger aktivistischer Aktivitäten führen kann, was möglicherweise die Durchsetzungswahrscheinlichkeit aktivistischer Kampagnen erhöht (z. B. Third Point bei Royal Dutch Shell). Zudem treten verschiedentlich besondere Gruppierungen (z. B. Klima-Aktivisten) alleine oder in Zusammenarbeit mit anderen Gruppierungen auf (vgl. Illert und Schneider 2022, S. 33; Jaspers 2022b, S. 147–149), die bei den anderen aktivistischen Strategievarianten kaum gegeben sind. Offenbar wollen diese Aktivisten nicht (mehr) passiv akzeptieren, was in den Unternehmen bei ESG-relevanten Aspekten geschieht. Mittlerweile ist es zudem genauso wahrscheinlich geworden, dass ein Unternehmen von einem der langfristig beteiligten Großaktionäre „angegriffen" wird wie von einem klassischen „aktivistischen Fonds" (vgl. Ruhkamp 2021, S. 50). Diese Entwicklung ist insbesondere auf die Unterstützung von Net-Zero-Asset-Manager- bzw. Asset-Owner-Allianzen zurückzuführen, in denen sich zahlreiche institutionelle Investoren der aktiven Unterstützung von ESG-Themen verschrieben haben (vgl. Wolf et al. 2022, S. 9).

Auch Stimmrechtsberater haben zwischenzeitlich ESG-Kriterien in ihren Guidelines aufgenommen und entsprechende Vorgaben formuliert. Exemplarisch kann für den Bereich Governance auf die Vorgabe von ISS verwiesen werden, wonach seit der Hauptversammlung-Saison 2021 keine Wahlvorschläge für den Aufsichtsrat unterstützt werden, die bei der Amtsdauer das gesetzliche Maximum von ca. fünf Jahren ausschöpfen (vgl. Linden von der und Winkler 2023, S. 40). Vielmehr besteht die Erwartung, dass die einzelne Amtsdauer vier Jahre nicht überschreitet (vgl. ISS 2024, S. 8; ähnlich auch Glass Lewis 2024, S. 13). Zudem werden Vorgaben zur Geschlechterverteilung im Vorstand (vgl. Glass Lewis 2024, S. 15) vorgelegt und eine Verknüpfung der Vorstandsvergütung mit ESG-Kriterien erwartet (vgl. ISS 2024, S. 26).

Grundlage für die Initiierung von aktivistischen ESG-Kampagnen bilden häufig neben börsennotierten „Nachzüglern" in Nachhaltigkeitsfragen, (vgl. Mannweiler 2021) Berichterstattungs- und Offenlegungspflichten wie die „Corporate Social Responsibility" (CSR)-Richtlinie (vgl. Illert und Schneider 2022, S. 33). Mit den so bereitgestellten Informationen soll eine höhere Transparenz bei den Kapitalanlegern und eine nachhaltigere Corporate Governance erreicht werden, jedoch bilden sie natürlich auch eine attraktive Informationsbasis für aktivistische Investoren in der Umsetzung ihrer Zielsetzungen.

4.2 Strategische Besonderheiten und Abgrenzung

Bei nicht wenigen Beiträgen zum ESG-Aktivismus wird zumindest unterschwellig der Eindruck suggeriert, dass hier eine aktivistische Strategievariante vorliegt, die eine vergleichbare strategische Eigenständigkeit aufweist, wie sie beim „Operativen Aktivismus", „M&A-Aktivismus" oder dem „Short Seller-Aktivismus" gegeben ist. Hierbei wird häufig auf eine systematische inhaltliche Präzisierung bzw. Operationalisierung von ESG-Aktivitäten verzichtet und die Ausführungen mit einer eher geringen Anzahl von Beispielen unterlegt, wobei hierbei wiederum – entsprechend der bisher geringen Intensität von aktivistischen ESG-Aktivitäten in Deutschland/Europa – bevorzugt auf US-amerikanische Beispiele verwiesen wird (z. B. Exxon Mobil/Engine No. 1).

Nachstehend wird versucht, einen Beitrag zur Beantwortung der Fragestellung zu leisten, inwiefern bzw. wie umfassend der ESG-Aktivismus in den bereits vorliegenden strategischen Varianten zum Shareholder Activism enthalten ist und möglicherweise nur eine Untervariante bzw. Akzentuierung der bisher vorliegenden aktivistischen Strategievarianten repräsentiert, oder ob der ESG-Aktivismus wirklich eine eigenständige und neuartige aktivistische Strategievariante darstellt. Hierbei werden nachstehend die in den Abschn. 2.3.2 und 2.3.3 vorgestellten drei aktivistischen Strategievarianten aus dem Blickwinkel von ESG-Aspekten betrachtet und anschließend die Übereinstimmung bewertet.

4.2.1 Operativer Aktivismus versus ESG-Aktivismus

Im Abschn. 2.3.2.1 bzw. in der Abb. 2.4 wurden die vier Werthebel des Operativen Aktivismus erläutert. Der Werthebel „Strategische Neuausrichtung und M&A-Aktivitäten" hat in Teilbereichen Überschneidungen mit der Strategievariante „M&A-Aktivismus", weshalb eine präzise inhaltliche Abgrenzung dieser Strategievarianten nicht abschließend möglich ist. Diese vier Werthebel des Operativen Aktivismus werden nachstehend aus dem Blickwinkel des ESG-Aktivismus betrachtet und Gemeinsamkeiten skizziert.

Anpassung Corporate Governance
Auf die dominierende Bedeutung dieses Werthebels im Operativen Aktivismus wurde im Abschn. 2.3.2.1 bereits hingewiesen. Wenn ein aktivistischer Investor ein Unternehmen attackiert, besteht in vielen Fällen ein zentrales begleitendes Ziel darin, eine oder mehrere Personen im Aufsichtsrat des Zielunternehmens zu platzieren, die den Interessen der aktivistischen Investoren positiv gegenüberstehen bzw. diese vertreten. Dies gilt insbesondere beim Operativen Aktivismus, der eher eine längerfristig ausgerichtete Zielsetzung verfolgt. Können Aufsichtsratsmitglieder mit der gewünschten Ausrichtung platziert werden, kann der Investor zumindest indirekt Einfluss auf die Berufung des Vorstands nehmen und hat möglicherweise frühzeitigen Zugang zu relevanten Informationen. Zur Erreichung dieser angestrebten personenbezogenen Platzierung wird verschiedentlich seitens der Aktivisten ein intensiver Druck aufgebaut (vgl. Langenbucher 2018, S. 452–453), der im Einzelfall durchaus als „Psychoterror" empfunden wird (vgl. Smolka 2023). In der Konsequenz kann dies gegebenenfalls zu einem parallelen Rücktritt von einem CEO und einem Vorsitzenden des Aufsichtsrats führen, wie dies in 2020 bei der Commerzbank zu beobachten war (vgl. Palan 2023, S. 88). Die Bedeutung von personellen Aspekten ist auch daran erkennbar, dass in den USA fast zwei Drittel der aktivistischen Maßnahmen von Überlegungen zur CEO-Nachfolge, der Zusammensetzung des Verwaltungsrats und anderer personenbezogener Themen geprägt wurden (vgl. Wehnert 2024, S. 3).

Das Erreichen der für eine Abberufung von Aufsichtsratsmitgliedern notwendigen Mehrheit in einer Hauptversammlung ist schwierig, weshalb eine Abberufung eher eine geringe praktische Relevanz bei aktivistischen Kampagnen hat (vgl. Schäfer und Wucherer 2023, S. 489). Eine deutlich größere Bedeutung hat die Bestellung von Aufsichtsratsmitgliedern im Rahmen von Neuwahlen. Denkbar ist hierbei seitens der Aktivisten der Wunsch, im Aufsichtsrat Personen mit einer besonderen ESG-Kompetenz zu platzieren, um den aktuellen Anforderungen noch besser entsprechen und eine Erweiterung des Kompetenzprofils im Aufsichtsrat erreichen zu können (vgl. Friedrich und Gatti 2019, S. 106). Exemplarisch hierfür kann auf die Berufung von Jeffrey Ubben vom Investmentfond „Inclusive Capital Partners" bei Bayer verwiesen werden (vgl. Jansen 2024). Generell erhält ein von einem aktivistischen Investor (z. B. Hedgefonds) vorgeschlagener bzw. durchgesetzter Kandidat entsprechend seiner Aufgabenstellung detaillierte, vertrauliche und geheime Informationen, die für zentrale Fragen zur Bewertung und der Dauer des

Fondsinvestments von Bedeutung sind (vgl. Weber und Cervellini 2017, S. 58). Auf die sich hieraus ergebenden besonderen Problemstellungen (z. B. aktienrechtliche Schweigepflichten des Aufsichtsrats und Insiderrecht) kann an dieser Stelle nur verwiesen werden.

Vorstehende Betrachtungen basieren auf einer personellen Veränderung im Aufsichtsrat, die durch Aktivisten initiiert wird. Eine zumindest ähnliche Relevanz hat die Fragestellung, wie sich der Aufsichtsrat auf mögliche aktivistische Kampagnen vorbereitet bzw. wie im Aufsichtsrat ausreichend Kompetenz bezüglich den Themenbereichen ESG bzw. ESG-Aktivismus entwickelt wird und wie dies auch unternehmensextern für relevante Stakeholder sichtbar gemacht werden kann. Eine Studie des „European Center for Board" kann für das Geschäftsjahr 2022 bei 95 % der DAX40-Unternehmen eine Kompetenz bzw. einen Sachverstand für ESG, Nachhaltigkeit und CSR feststellen (vgl. Berger et al. 2023, S. 126–127), der im Rahmen einer Eigenbewertung belegt wird. Offen ist allerdings, wie diese Kompetenz bzw. wie dieser Sachverstand konkret nach überzeugenden Kriterien nachgewiesen werden kann; folglich kann aktuell niemand sagen, wann der ESG-Sachverstand vorliegt (vgl. Graewe 2023, S. 35). Eine weitere Studie bzw. Auswertung zu den Kompetenzprofilen der DAX40-Aufsichtsräte (Geschäftsjahr 2022) zeigt, dass fast alle Aufsichtsräte auf Kompetenzen in den Bereichen ESG, Sustainability oder Nachhaltigkeit verweisen konnten (vgl. Feisel und Makowka 2023, S. 178), wobei diese uneinheitlichen Angaben naturgemäß eine Gesamtbewertung der vorhandenen ESG-Kompetenz in den DAX40-Aufsichtsräten deutlich erschweren. Noch problematischer ist eine Bewertung vorzunehmen, in welchem Umfang im Aufsichtsrat Kompetenz bezüglich aktivistischer Kampagnen und deren Abwehr gegeben ist, wenn das personenbezogene Kompetenzprofil derartige Kenntnisse nicht unmittelbar erkennen lässt. Gleichwohl dürfte unstrittig sein, dass zukünftig bei Neubesetzungen im Aufsichtsrat die Kompetenzen zu den Themenbereichen ESG und aktivistische Investoren an Bedeutung gewinnen und folglich im personenbezogenen Anforderungsprofil einen hohen Stellenwert haben sollten (Lackmann et al. 2024, S. 20). Gleiches gilt allerdings auch für das Kompetenzprofil von CEOs bzw. CFOs; entsprechend gilt der Umgang mit Aktivisten zwischenzeitlich als „Königsdisziplin" für CEOs (vgl. Maier 2019, S. 62).

Das Einfordern von ESG-Kompetenzen im Aufsichtsrat führt natürlich zu der Frage, in welchen Bereichen diese hilfreich sein könnten. Ein regelmäßig vorgetragener Kritikpunkt von Aktivisten in Verbindung mit Fragen zur Corporate Governance bezieht sich auf die Vergütung bzw. Besetzung von Vorstand und Aufsichtsrat (vgl. Jostarndt et al. 2020, S. 12). Gemäß § 87 Abs. 1 Satz 2 AktG haben börsennotierte Unternehmen die Vergütungsstruktur auf eine nachhaltige

und langfristige Entwicklung auszurichten. Entsprechend der Beschlussempfeh-
lung des Rechtsausschusses zum ARUG II soll der Aufsichtsrat bei der Wahl
der Vergütungsanreize in diesem Zusammenhang auch soziale und ökologische
Gesichtspunkte berücksichtigen. Diese Ausrichtung wird auch von Investmentfonds
und Stimmrechtsberatern unterstützt, wobei in der Finanzbranche die Verknüpfung
von Geschäfts- und Vergütungsstrategie üblich ist. Damit die praktische Umsetzung
erfolgreich verläuft, sind folgende Schritte zu durchlaufen (vgl. Ries 2023, S. 101):

- Implementierung einer Nachhaltigkeitsstrategie in die Geschäftsstrategie.
- Identifikation und Auswahl relevanter Kenngrößen für Nachhaltigkeit als Ziel-
  größen für die variable Vergütung.
- Kommunikation des Prozesses an die Stakeholder.

Strategische Neuausrichtung und M&A-Aktivitäten

Nicht wenige Unternehmen unterschiedlicher Branchen sind aktuell mit der Situation konfrontiert, dass die herkömmlichen Geschäftsmodelle kurz- oder mittelfristig
nicht mehr wirtschaftlich erfolgreich betrieben werden oder die verschiedenen
Unternehmensbereiche aufgrund ihrer heterogenen Ausrichtung (Konglomerat)
vom Kapitalmarkt nicht (mehr) akzeptiert werden. Diese Situation ist nicht neu,
jedoch kommt mit ESG ein weiterer Faktor hinzu, der die Unternehmen zur kri-
tischen Analyse ihrer Zukunftsfähigkeit zwingt. Exemplarisch kann hier auf die
Automobilzulieferindustrie verwiesen werden, die bisher in vielen Fällen noch auf
den Verbrennungsmotor eingestellt ist und nun vor der Herausforderung der Unternehmensentwicklung bzw. Transformation in Richtung Elektromotor steht (vgl.
Boston Consulting Group et al. 2024, S. 81–83).

Welchen Einfluss ESG auf Unternehmensakquisitionen hat, wurde bisher kaum
analysiert (vgl. Hollering 2024, S. 149). Noch weniger wurde bisher die Verbindung
von M&A-Aktivitäten und ESG-Aktivismus untersucht, wobei anzumerken ist, dass
ESG zunehmend die M&A-Aktivitäten prägt (vgl. Gleißner et al. 2023, S. 48).
ESG-Aspekte repräsentieren zwischenzeitlich einen der Hauptgründe, weswegen
Unternehmen Sparten ausbauen, kaufen oder verkaufen (vgl. Smolka 2021). Hierbei
können Unternehmensakquisitionen unterstützend genutzt werden, um ESG-Ziele
zu erreichen. Entsprechend können Unternehmen mit einer eher schwachen ESG-
Bilanz durch die Übernahme eines Unternehmens mit einer starken ESG-Bilanz
ihre ESG-Position verbessern (vgl. Gleißner et al. 2023, S. 48) et vice versa.
Vorstehende Betrachtung gilt insbesondere für kohlenstoffintensive Branchen bzw.
Unternehmen. Hier kann der Übergang von bisher CO_2-intensiven Prozessen zu kli-
mafreundlichen Prozessen beispielsweise durch den Zukauf von Unternehmen mit

fortschrittlichen Technologien und Kompetenzen unterstützt werden (vgl. Mellert et al. 2022).

Für den Unternehmenskauf führt vorstehende Entwicklung zu einer intensivierten Beachtung einer ESG-Due Diligence, weshalb heute zwischenzeitlich bei ca. 90 % der M&A Transaktionen eine ESG-Due Diligence durchgeführt wird (vgl. Hollerung 2024, S. 163; Tucher und Drapatz 2021, S. 32) und damit zentraler Bestandteil bei der Bewertung von potenziellen Zielunternehmen ist (vgl. auch die Studienergebnisse bei KPMG 2024, S. 7). Vor diesem Hintergrund wird erwartet, dass Unternehmen, die im Transaktionsprozess den ESG-Aspekten keine ausreichende Beachtung widmen, zukünftig häufiger zum Ziel von aktivistischen Kampagnen werden können (vgl. Hollerung 2024, S. 169). Entsprechend ist es empfehlenswert, Chancen und Risiken einer „ESG-gerechten" Akquisition im Rahmen von Investorentreffen, Pressemitteilungen und Analystengesprächen proaktiv anzusprechen, um das Risiko von erfolgreichen aktivistischen Kampagnen reduzieren zu können. Sollte das Management bezüglich der ESG-Konformität der beabsichtigten Akquisition z. B. aufgrund der vorliegenden Ergebnisse einer durchgeführten ESG-Due Diligence unsicher sein, wäre im Zweifelsfall der Abbruch der Transaktionsvorbereitungen zu erwägen. Indem eine ESG-Compliance in der öffentlichen Wahrnehmung immer bedeutsamer wird, können Verstöße neben Sanktionen und Reputationsschäden eine attraktive Angriffsfläche für aktivistische Kampagnen bilden (vgl. Traugott et al. 2021, S. 9). Dies betrifft insbesondere Vorfälle bzw. Themen, die regelmäßig von (sozialen) Medien aufgegriffen werden und sich Themenbereichen wie #metoo, #fridayforfuture oder #blacklivesmatter zuordnen lassen. Vor diesem Hintergrund liegen ESG-Aspekte deshalb häufig in der Verantwortung des Vorstands oder der Geschäftsbereichsleiter. Für diese liegt regelmäßig eine Legalitätspflicht vor, d. h. sie dürfen keine Rechtsverstöße begehen oder dulden und müssen erkannte Verstöße unverzüglich abstellen.

Ob Unternehmen im Rahmen einer notwendigen Neuausrichtung über Unternehmenskäufe bzw. –verkäufe erfolgreich sind, wird von verschiedenen Faktoren bestimmt. Generell ist zu beachten, dass die zur Veräußerung anstehenden Unternehmensbereiche gegebenenfalls aufgrund ihrer nicht ESG-gerechten Ausrichtung eher eine ungünstige Bewertung (niedriger Verkaufspreis) zu erwarten haben, was wiederum die finanziellen Möglichkeiten des Verkäufers einengt, über den erzielten Verkaufspreis attraktive neue Akquisitionen von ESG-gerechten Unternehmen zu tätigen. Erkannte oder vermutete ESG-Risiken können die Veräußerung wesentlich verzögern oder sich negativ auf den Verkaufspreis auswirken. Entsprechend zeigen die Ergebnisse einer McKinsey-Analyse, dass bei einem kaufenden Unternehmen eine deutliche Bereitschaft besteht, bei einem attraktiven ESG-Profil des zu kaufenden Unternehmens eine entsprechende Preisprämie zu zahlen (vgl. Delevingne

et al. 2020, S. 4; Waßmann 2021, S. 378). Die Höhe der Preisprämie wird hierbei mit
10–15 % des Kaufpreises beziffert (Vgl. Solheim 2020, S. 396). ESG-Aspekte entfa-
chen zudem ihre besondere Wirkung nach dem Closing beim Unternehmenskäufer.
So sind für das Zielunternehmen nicht nur die üblichen Integrationsleistungen zu
erbringen, sondern zusätzlich die hinzukommenden ESG-Compliance-Strukturen
zu integrieren (vgl. Waßmann 2021, S. 379).

Neben einem geringeren Verkaufspreis bei einem ungünstigen ESG-Rating et
vice versa ist das bei jeder Unternehmensakquisition grundsätzlich bestehende hohe
Erfolgsrisiko zu beachten, welches auch bei ESG-gerechten Unternehmenskäufen
gegeben ist; exemplarisch kann hier auf den Erwerb von Gamesa durch Siemens
verwiesen werden (vgl. Frühauf 2023). Nach den Ergebnissen einer weltweiten EY-
Studie zum Desinvestment von Unternehmen bzw. Unternehmensbereichen werden
ca. 46 % der Unternehmensverkäufe von ESG-Aspekten beeinflusst, wobei 59 % der
Probanden mit der vollzogenen Unternehmensveräußerung – anders als erwartet –
ihr ESG-Rating nicht verbessern konnten (vgl. EY 2021, S. 4, 13).

Die in Verbindung mit der Neuausrichtung eines Unternehmens verbundenen
Veränderungen und Erwartungen gilt es im Rahmen einer adäquaten Finanzkommunikation zu vermitteln. Hierbei kommt auf die Investor-Relations-Funktion die
Aufgabe zu, sich über eine Berichts- und Dialogfunktion hinaus zu entwickeln
(vgl. Hoffmann und Fieseler 2022, S. 480–482). Diese umfasst die Marktbeob-
achtung im Aktionärsumfeld (Shareholder Intelligence), den direkten Austausch
mit Aktionären (Shareholder Dialogue), die Interessensvertretung der Aktionäre
im Unternehmen (Shareholder Advocacy) und proaktive Ansprache und Bindung
von Aktionären (Shareholder Engagement). Der Aufsichtsrat wiederum sollte seine
Aufgabe in einer Beseitigung der Informationssymmetrie zwischen Aufsichtsrat und
den Aktionären sehen, wobei er die Rolle eines guten Kommunikators anstreben
sollte (vgl. Zülch 2023, S. 70–71).

Optimierung von Kapitalstruktur und Finanzpolitik
Die Optimierung der Kapitalstruktur und Finanzpolitik reicht von der optimalen
Verschuldungsquote, den geeigneten Finanzierungsinstrumenten, über die mögli-
che Ablehnung einer Kapitalerhöhung, bis zu einer Verwendung der verfügbaren
Liquidität und Cashflow (vgl. Jostarndt et al. 2020, S. 12); hierauf wurde im
Abschn. 2.3.2.1 eingegangen.

Bereits im ersten Kapitel wurde erstmals auf den Einfluss von ESG-Ratings
auf die Eigen- und Fremdfinanzierung hingewiesen. Eine neuere Studie von der
Frankfurt School of Finance, openESG sowie von der ppa zum Einfluss von ESG-
Daten auf die Kreditvergabe bestätigt diese Aussage. So werden heute bei 40 %

der großen/berichtpflichtigen Unternehmen im Rahmen einer Kreditvergabe ESG-Risiken berücksichtigt; bei der Kreditentscheidung von nicht-berichtspflichtigen kleineren und mittleren Unternehmen beträgt der Anteil hingegen 25 % (vgl. Frankfurt School of Finance et al. 2024, S. 19). Zusätzlich sind neuartige Finanzierungsinstrumente zu beachten, die sich an ESG-Kriterien orientieren. Exemplarisch kann auf „Sustainability-Linked Loans" verwiesen werden, deren Konditionen sich an dem Erreichen ambitionierter Nachhaltigkeitsziele ausrichten (vgl. EY 2023). Zudem ist auf die Bedeutung von möglichen Umweltbelastungen in Verbindung mit neuen Investitionen hinzuweisen, von denen eine Beschränkung/Verhinderung einer geplanten Investition ausgehen kann, wovon die Wachstumsmöglichkeiten im Einzelfall deutlich limitiert werden können. Streben Unternehmen – weitgehend unabhängig von der Unternehmensgröße – demnach eine attraktive Finanzierung am Kapitalmarkt an, so sind bereits heute ein entsprechendes ESG-Reporting und dort nachgewiesene gute Ergebnisse unverzichtbar. Wird dieser Erwartung des Kapitalmarkts durch das kapitalnachsuchende Unternehmen nicht nachgekommen, so kann sich hier für einen Investor ein weiterer Ansatzpunkt im Rahmen einer geplanten aktivistischen Kampagne ergeben.

Effizienzsteigerung und Wachstum

Auf die Bedeutung von Wachstumsoptionen in Verbindung mit Unternehmenstransaktionen (externes Wachstum) wurde bereits vorstehend in Verbindung mit M&A-Aktivitäten hingewiesen. Externes Wachstum wird regelmäßig gegenüber einem internen Wachstum als risikoreicher eingeordnet, jedoch sind mit Unternehmenstransaktionen häufig Zeitvorteile im Transformationsprozess verbunden.

Ein ESG-gerechtes internes Wachstum könnte beispielsweise eine im Unternehmen eigenständig erreichte Ausweitung des angebotenen Leistungsprogramms bedeuten, ohne dass damit eine proportionale bzw. progressive Steigerung von eingesetzten Rohstoffen (z. B. Treibstoff bei einer Airline) verbunden ist. Mit dem reduzierten Einsatz von Rohstoff sollte dabei in vielen Fällen eine Verbesserung der Kostenposition verbunden sein. Eine angestrebte Verbesserung der Kosteneffizienz (Effizienzsteigerung) kann eigenständig oder in Kombination mit einer Produktausweitung (siehe vorstehend) angestrebt werden. Begleitend sind hierbei positive ESG-Effekte möglich, jedoch aufgrund der häufig geringen strategischen Priorität von Kostensenkungsprogrammen (vgl. Goydan et al. 2024, S. 6) dürfte dieser Aspekt nur eine marginale praktische Bedeutung haben.

Die Aufnahme bzw. Erweiterung von Produkten in ein ESG-gerechtes Produktprogramm kann eigenständig vom Unternehmen initiiert werden (z. B. Aufnahme von Fahrrädern in das Leistungsangebot bei Porsche; www.porsche-ebike-performance.com) oder durch den Gesetzgeber vorgegeben werden (z. B.

EU-Flottengrenzwerte für den CO_2–Ausstoß; Austausch der angebotenen Gashei-
zungen gegen Wärmepumpen). Ob die Intention des Unternehmens – ausgeweitetes
ESG-gerechtes Produktangebot – erfolgreich im Sinne einer geringen bzw. geringeren Umweltbelastung ist, entscheidet letztlich aber der Kunde mit seinem
Nachfrageverhalten.

4.2.2 M&A-Aktivismus versus ESG-Aktivismus

M&A-Aktivitäten finden sich in Verbindung der Strategievarianten M&A-
Aktivismus (siehe Abb. 2.3) und beim vorstehend betrachteten Operativen Aktivismus als ein Werthebel („Strategische Neuausrichtung und M&A-Aktivitäten").
Während der M&A-Aktivismus auf die Verhinderung von angestrebten Unternehmensakquisitionen bzw. die Erhöhung der Kaufpreisforderung ausgerichtet ist,
umfassen die M&A-Aktivitäten beim Operativen Aktivismus den Kauf neuer bzw.
Verkauf vorhandener Beteiligungen.

Verhinderung einer M&A-Transaktion
Im Abschn. 2.3.2.2 wurde bereits in Verbindung mit der Strategievariante „M&A-
Aktivismus" die Grundlagen einer verhinderten M&A-Transaktion durch aktivistische Investoren angesprochen. ESG-Aspekte können in Verbindung mit einem
geplanten Unternehmenskauf insbesondere dann wirken, wenn die damit verbundenen Risiken beim potenziellen Unternehmenskäufer – in der Bewertung der
Aktivisten – unzureichend bewertet oder bewusst bzw. unbewusst ignoriert werden; als Beispiel hierfür kann auf den Unternehmenskauf Monsanto von Bayer
verwiesen werden. Grundlage für die Risikoidentifizierung bildet die vorstehend
angesprochene ESG-Due Diligence. Werden die vorhandenen Risiken eines geplanten Unternehmenskaufs nicht ausreichend berücksichtigt oder ignoriert, ist aus dem
Blickwinkel der Aktionäre/Aktivisten bei der Realisierung der Unternehmenstransaktion eine Wertvernichtung zu erwarten, die es im Rahmen einer aktivistischen
Kampagne zu verhindern gilt. Die eigentliche Umsetzung einer Kampagne zur
Verhinderung einer M&A-Transaktion durch die aktivistischen Investoren unter-
scheidet sich insgesamt in ihrer Umsetzung kaum darin, ob ein ESG-Bezug vorliegt
oder nicht.

Mit einer intensivierten Analyse von ESG-Aspekten beim Unternehmenskauf ist
parallel eine Verschiebung der Gewichtung bei der Legal Due Diligence verbunden
(vgl. Mellert et al. 2002). ESG-Einzelaspekte wie Arbeitssicherheit und Umweltschutz sind bisher zwar bereits Bestandteil einer Legal Due Diligence, werden aber

im klassischen Kontext und nicht unter Nachhaltigkeitsgesichtspunkten betrachtet. Entsprechend ist die ESG-Due Diligence um Aspekte wie Arbeitsrecht (z. B. soziale Standards) zu ergänzen.

ESG-Aspekte und die damit verbundenen Risiken finden sich auch vermehrt in den Kaufverträgen wieder bzw. wären gegebenenfalls von aktivistischen Investoren einzufordern. Entsprechend werden ESG-Garantien voraussichtlich bald zum Standardgarantiekatalog gehören. Auch ESG-bezogene Material Adverse Change Klauseln, nach denen bestimmte wesentliche Verschlechterungen in ESG-Bereichen zu einem Kündigungsrecht des Käufers führen, können vereinzelt beobachtet werden (vgl. Mellert et al. 2002).

M&A-Arbitrage
Der Ansatz einer M&A-Arbitrage wurde bereits im Abschn. 2.3.2.2 erläutert. Mit der Veröffentlichung einer beabsichtigten Unternehmenstransaktion wird der Aktienkurs eines Zielunternehmens nur noch eingeschränkt von den Fundamentaldaten bestimmt, sondern von den Nachrichten (z. B. zum möglichen Scheitern) zur geplanten Transaktion (vgl. Cretin-Fumeron und Dieudonné o. J., S. 1). Das Risiko für einen aktivistischen Finanzinvestor bei einer M&A-Arbitrage-Strategie besteht darin, dass die angekündigte Transaktion nicht abgeschlossen wird, da beispielsweise die Behörden ihre Zustimmung verweigern, relevanten Vertragsbedingungen seitens der Vertragspartner nicht erfüllt werden oder die Finanzierung nicht gesichert ist. Die wachsende Bedeutung von ESG-Aspekten beeinflusst auch die Arbitrage-Strategien. Beispielsweise könnte eine Transaktion, an der ein Unternehmen mit einer schlechten ESG-Erfolgsbilanz beteiligt ist, einer stärkeren behördlichen bzw. öffentlichen Kontrolle ausgesetzt sein, was sich auf die Genehmigung negativ auswirken könnte (vgl. FasterCapital, Abschn. 8). Aktivistische Investoren wie Hedgefonds integrieren deshalb ESG-Aspekte in ihre Arbitrage-Modelle, um deren potenzielle Auswirkungen auf ihr Investment bewerten zu können.

Ob ESG-Aspekte das Risiko des M&A-Aktivismus bzw. der M&A-Arbitrage deutlich erhöhen, kann an dieser Stelle nicht bewertet werden, da Untersuchungen hierzu bisher nicht vorliegen. Insgesamt ist das Risiko bei einer M&A-Arbitrage-Strategie seitens der Aktivisten eher als gering einzuordnen, da über 90 % der offiziell angekündigten Transaktionen entsprechend den ursprünglich vereinbarten Bedingungen zum Unternehmenskauf zum Abschluss gebracht werden (vgl. Carmignac 2023).

Die hohe Bedeutung von M&A-Zielsetzungen bei aktivistischen Kampagnen unterstreicht auch die Ergebnisse einer weltweiten Studie von Barclay. Hiernach werden 49 % der aktivistischen Kampagnen von M&A-Aktivitäten geprägt (Ergebnisse der Vorjahre waren ähnlich), wobei keine Differenzierung bezüglich der verschiedenen Ausrichtungen der M&A-Aktivitäten (z. B. M&A-Arbitrage) vorgelegt wird (vgl. Barclay 2024).

4.2.3   Short Seller-Aktivismus versus ESG-Aktivismus

Die aktivistische Strategievariante des Short Seller-Aktivismus hat nach den bisher vorliegenden Informationen offenbar die intensivste Nähe zu den Aspekten, die dem ESG-Aktivismus zugeschrieben werden. Gemäß den Ergebnissen einer neueren Studie von Metzler Asset Management wurden in Europa seit 2010 bei den ca. 100 erfolgten Short-Kampagnen ca. 60 % mit ESG-Defiziten begründet. Im Mittelpunkt standen hierbei Governance-Begründungen (vgl. Rabe 2021, S. 2). Die stärksten negativen Kursreaktionen wurden erreicht (vgl. Rabe 2021, S. 4), wenn Vorwürfe einer mangelhaften Berichterstattung bezogen auf intransparentes Accounting (30 % der Kampagnen), schweren Betrug (13 %) und Überschuldung (3 %) vorliegen. Eine deutlich geringe Belastung des Aktienkurses erfolgte beim Vorwurf einer Überbewertung (25 %), mangelhafter Produkte (13 %) und Wettbewerbsdruck (16 %).

Generell ist anzumerken, dass das Forschungsinteresse an der Messung der Auswirkungen von Leerverkäufen auf Erreichung von ESG-Zielen gestiegen ist. In einer neueren Studie der „Harvard Management Company" und der „Management Funds Association" wird beispielsweise festgestellt, dass Short-Positionen die Investitionsbereitschaft in die umweltschädlichsten börsennotierten Unternehmen um 3–8 % reduzieren kann (vgl. Managed Funds Association 2022, S. 2 und 10).

4.3   Neuigkeits- bzw. Eigenständigkeitsgrad des ESG-Aktivismus

ESG-Aspekte bilden häufiger nicht den einzigen Kritikpunkt bei aktivistischen Kampagnen, sondern stellen einen zusätzlichen Aspekt in Verbindung mit anderen festgestellten Defiziten beim Zielunternehmen dar. Es erscheint durchaus nachvollziehbar, dass ESG-Defizite allein bis auf Weiteres nur bei gravierenden Versäumnissen eigenständig einen aktivistischen Angriff auf den Vorstand bzw. Aufsichtsrat rechtfertigen, sondern aktuell eher neben anderen begründeten festgestellten Defiziten eine weitere Basis für eine aktivistische Attacke bilden (vgl. Taylor Wessing 2020). Dies führt zusammenfassend zu der grundlegenden

Fragestellung: Repräsentiert der ESG-Aktivismus überhaupt eine eigenständige Strategievariante bei aktivistischen Investoren neben den anderen – im Abschn. 2.3 vorgestellten – aktivistischen Strategievarianten?

Grundsätzlich verfolgt der ESG-Aktivismus die bekannten Ziele aktivistischer Attacken und setzt weitgehend die gleichen Mittel zur Einflussnahme auf die attackierten Unternehmen wie die anderen Strategievarianten ein (vgl. Herchen et al. 2022, S. 54). Im Abschn. 4.2 wurden die Verbindungen zwischen dem ESG-Aktivismus gegenüber den in den Abschn. 2.3.2 und 2.3.3 beschriebenen aktivistischen wertsteigernden/wertvernichtenden Strategievarianten analysiert. Hierbei wurde die teilweise gegebene enge Verknüpfung des ESG-Aktivismus gegenüber den anderen Strategievarianten (insbesondere dem Short Seller-Aktivismus) deutlich, weshalb die strategiebezogenen Abgrenzungsmöglichkeiten zusammengefasst eher als „unscharf" (vgl. hierzu auch Illert und Schneider 2022, S. 33) zu bewerten sind. Bei anderen Strategievarianten (z. B. M&A Arbitrage) ist eine intensive Verbindung mit ESG-Aspekten nur deutlich eingeschränkt erkennbar.

Fazit & Ausblick

5

Das vorliegende „*essential*" hat das Ziel, die verschiedenen Facetten des ESG-Aktivismus aufzuzeigen und eine inhaltliche Abgrenzung gegenüber den übrigen aktivistischen Strategievarianten vorzunehmen. Die hierzu vorgelegten Ausführungen belegen eine nur deutlich eingeschränkte präzise Abgrenzungsfähigkeit des ESG-Aktivismus. Im Vergleich mit den bereits bekannten verschiedenen aktivistischen Strategievarianten werden zahlreiche Überschneidungen zum ESG-Aktivismus deutlich (z. B. Leerverkauf mit einer intensiv ESG-geprägten Begründung). Hieraus ergeben sich deutliche Konsequenzen für die Wertangaben zur Häufigkeit von aktivistischen Kampagnen mit einer ESG-Orientierung, zumal eine größere Anzahl von aktivistischen Maßnahmen nicht öffentlich ist.

Mit einer intensiveren Berücksichtigung von ESG-Aspekten in der Unternehmensentwicklung gehen begleitend zahlreiche neue Anforderungen einher. Diese umfassen beispielsweise – wie ausgeführt – einen intensivierten Aufbau von ESG-Kompetenz in den Bereichen Rechnungswesen/Controlling, Investor Relations und im Vorstand sowie Aufsichtsrat. In diesen Bereichen dürfte in zahlreichen Unternehmen noch ein deutlicher Verbesserungsbedarf bestehen. Zudem gilt es nicht, einen einmal erreichten Status Quo zu bewahren, sondern auf weitere Veränderungen bezüglich angepasster ESG-Anforderungen angemessen und zeitnah in den Unternehmen zu reagieren.

Aus deutscher bzw. europäischer Sicht erscheint aktuell eine weiter intensivierte Beachtung von ESG-Aspekten in der strategischen Ausrichtung wahrscheinlich. Das dies nicht zwangsläufig so sein muss, zeigen aktuell die Entwicklungen in Richtung Anti-ESG-Aktivismus in den USA. Sollten sich zukünftig relevante internationale Wettbewerber weniger dem Grundgedanken einer stärkeren ESG-Ausrichtung verpflichtet fühlen als es bei europäischen/deutschen

M. Klingebiel et al., *ESG-Aktivismus als neuere Strategievariante aktivistischer Investoren*, essentials, https://doi.org/10.1007/978-3-658-49058-4_5

Unternehmen über die Gesetzgebung gegeben ist, erscheint es bei einer (weiteren) deutlichen Verschlechterung der wirtschaftlichen Situation gegebenenfalls vorstellbar, dass hieraus eine Korrektur der aktuell intensiven ESG-Fokussierung bei europäischen Unternehmen resultiert.

Was Sie aus diesem *essential* mitnehmen können

- Aktivistische Kampagnen auf der Basis von ESG-Aspekten haben deutlich zugenommen.
- ESG-Aktivisten nutzen bei der Durchsetzung ihrer Forderungen nicht nur ihr rechtliches und faktisches Druckpotenzial, sondern zusätzlich einen moralischen Anspruch zur Durchsetzung ihrer Forderungen.
- Eine kritische Auseinandersetzung mit dem ESG-Aktivismus zeigt, dass deutliche Überschneidungen mit den bisher schon vorliegenden ESG-Strategien vorliegen. Entsprechend ist der ESG-Aktivismus nur bedingt neuartig.
- Zur erfolgreichen Abwehr von ESG-Aktivisten ist beim Vorstand und Aufsichtsrat von Aktiengesellschaften zumindest ein rudimentäres ESG-Verständnis notwendig. Aktuell sind die Möglichkeiten nur sehr begrenzt vorhanden, dieses Know-how unternehmensextern z. B. über eine Qualifikationsmatrix bewerten zu können.
- In den letzten Jahren wurde die Beachtung von ESG-Forderungen bei Investoren zunehmend selbstverständlich. Zwischenzeitlich werden ESG-Forderungen durchaus kritischer betrachtet (Stichwort: Anti-ESG-Aktivismus).

M. Klingebiel et al., *ESG-Aktivismus als neuere Strategievariante aktivistischer Investoren*, essentials, https://doi.org/10.1007/978-3-658-49058-4

Literatur

Abel N, Lauer M, Nuys M (2019) Eingriffe Dritter in M&A-Transaktionen nehmen zu: Käufer und Verkäufer sind gefordert. M&A-Review 4(30):114–119

Albath C (2022) Shareholder Activism im Rahmen der Hauptverhandlung. Nomos, Baden-Baden

Alvarez & Marsal (2024) Activist Investors in Europe. How successful have they been at Choosing Their Targets and Campaigns? https://www.alvarezandmarsal.com/sites/def ault/files/2024-01/A%26M%20Activist%20Alert%20%28AAA%29%20January%202 024.pdf. Zugegriffen: 31. Jan 2025

AlixPartners (2019) Aktivistische Investoren – Fluch oder Segen. https://www.alixpartners. com/media/12636/ap_aufsichtsrats-radar_aktivistische_may_2019.pdf. Zugegriffen: 31. Jan 2025

BaFin (2020, Januar 13) Merkblatt zum Umgang mit Nachhaltigkeitsrisiken. Stand. file:/ //C:/Users/Klingebiel/Downloads/dl_mb_Nachhaltigkeitsrisiken-4.pdf. Zugegriffen: 31. Jan 2025

Barclay (2024) Activists secure more board seats and demand M&A. https://www.ib.bar clays/our-insights/top-shareholder-activism-trends-2023.html. Zugegriffen: 31. Jan 2025

Bassler M (2015) Die Bedeutung von institutionellen Anlegern für die interne Corporate Governance ihrer Beteiligungsunternehmen. Nomos, Baden-Baden

Berger L, Mattheus D, Siepmann R (2023) Transparente Aufsichtsräte. Die Qualifikationsmatrix des Aufsichtsrats nach dem DCGK. Der Aufsichtsrat 9(20):126–128

Birshan M, Goerg M, Moore, A, Parekh E-J (2020) Investors remind business leaders: Governance matters, https://www.mckinsey.com/capabilities/strategy-and-corporate-fin ance/our-insights/investors-remind-business-leaders-governance-matters. Zugegriffen: 31. Jan 2025

Boston Consulting Group (2024) The GenAI Era Unfolds (2024) https://web-assets.bcg. com/0c/b4/1e8b9a66409a8deae6fc166aa26e/2024-global-wealth-report-july-2024-edit-02.pdf. Zugegriffen: 31. Jan 2025

Brak A (2022) Aktivistische Leerverkäufe. Grenzen der Zulässigkeit nach der Leerverkaufs- und der Marktmissbrauchsverordnung. Duncker & Humblot, Berlin

Brückner P (2023) Aktivistische Aktionäre. Leitbildgedanken zum Aktionär, rechtliche Beschränkungen aktivistischen Aktionärsverhalten und Reaktionsmöglichkeiten. Duncker & Humblot, Berlin

Brune M. (2024) Investorenaktivismus. Aktien- und kaptalmarktrechtliche Grenzen des Shareholder- und Short-Seller-Aktivismus. Cuvillier, Göttingen

Bundesverband der Unternehmensjuristen, CMS (2018) Investor Activism 2018, Publikation wird auf Anfrage von CMS überlassen. https://cms.law/de/deu/publication/investor-act ivism-2018. Zugegriffen: 31. Jan 2025

Carmignac (2023) Die Merger-Arbitrage-Strategie im Überblick. https://www.carmignac.de/ de_DE/artikel/die-merger-arbitrage-strategie-im-ueberblick-2519-9353. Zugegriffen: 31. Jan 2025

Commandeur M (2020) Short-Attacken aktivistischer Leerverkäufer. Die Aktiengesellschaft. https://doi.org/10.9785/ag-2020-651513

Credit Suisse (2016) Corporate Insights. The activism agenda: What are activist investor looking for? New York

Cretin-Fumeron F, Dieudonné S (o. J.) Fusionen und Übernahmen für Ihr Portfolio. https:// www.bvai.de/fileadmin/Themenschwerpunkte/Hedgefonds/CANDRIAM__Event_Dri ven_Merger_Arbitrage_QAriskArbitrage_de.pdf. Zugegriffen: 31. Jan 2025

Da Graca A (2022) Unterschiede bei ESG-Ratings in der Praxis. Corporate Finance 05–06:158–167

Davis EP, Steil B (2001) Institutional Investors. The MIT Press, Cambridge–Massachusetts–London

Delevingne L, Gründler A, Kane S, Koller, T (2020) The ESG premium: New perspectives on value and performance. https://www.mckinsey.com/~/media/McKinsey/Business% 20Functions/Sustainability/Our%20Insights/The%20ESG%20premium%20New%20p erspectives%20on%20value%20and%20performance/The-ESG-premium-New-perspe ctives-on-value-and-performance.ashx. Zugegriffen: 31. Jan 2025

Deloitte (2018) Be your own activist. Developing an activist mindset. https://www2.deloitte. com/content/dam/Deloitte/uk/Documents/corporate-finance/deloitte-uk-be-your-own-act ivist.pdf. Zugegriffen: 31. Jan 2025

Döding K (2021) Aktivistische Aktionäre bei öffentlichen Übernahmen. Zeitschrift für Unternehmens- und Gesellschaftsrecht. https://doi.org/10.1515/zgr-2021-0030

Döring C (2024, März 2) Ritterschlag für Aktivisten. Börsen-Zeitung 44(2)

Engelhardt AH (2008) Activist Investing aus Unternehmenssicht: M&A-Review 4(19):194–200

Euroean Commission (2025) Proposal for a Directive amending the Directives: Accounting, Audit, CSRD and CSDDD – Omnibus I – COM. 81

EY (2021) Global Corporate Divestment Study 2021. Can divesting what holds you back move your strategy forward? https://assets.ey.com/content/dam/ey-sites/ey-com/en_ gl/topics/divestment/2021/pdfs/ey-global-corporate-divestment-study-2021-report.pdf. Zugegriffen: 31. Jan 2025

EY (2023) Wie ESG im Treasury und bei der Finanzierung Einzug hält. https://www.ey.com/ de_de/consulting/wie-esg-im-treasury-einzug-haelt. Zugegriffen: 31. Jan 2025

FasterCapital (o. J.a) Einführung in die Risikoarbitrage bei Hedgefonds. https://faster capital.com/de/thema/einf%C3%BChrung-in-die-risikoarbitrage-bei-hedgefonds.html. Zugegriffen: 31. Jan 2025

Feisel E, Makowka C (2023) Wie nachhaltig sind die Aufsichtsräte der DAX40-Unternehmen. Der Aufsichtsrat 12(20):176–178

Fest T (2024) Sustainable Shareholder Activism. Die Aktiengesellschaft. https://doi.org/10.9785/ag-2024-690809

Frankfurt School of Finance & Management, openESG, ppa (2024) ESG-Daten Monitor 2024, Frankfurt (Publikation wird auf Anfrage von openESG überlassen). https://openesg.de/esg-daten-monitor-2024/. Zugegriffen: 31. Jan 2025

Friedrich B, Gatti K (2019) Aktivistische Investoren: Fluch oder Segen. Der Aufsichtsrat 7–8(16):105–107

Frühauf M (2023, November 15) Siemens Energy schreibt Rekordverlust. Frankfurter Allgemeine Zeitung. https://www.faz.net/aktuell/wirtschaft/unternehmen/siemens-energy-mit-milliarden-verlust-die-probleme-des-windkraft-geschaefts-19314922.html. Zugegriffen: 31. Jan 2025

Gerlicher D (2017) Shareholder Activism im Regelungskontext des deutschen Aktien- und Kapitalmarktrechts. Dr. Kovač, Hamburg

Glass Lewis (2024) Germany. 2024 Benchmark Policy Guidelines. https://www.glasslewis.com/wp-content/uploads/2023/11/2024-Germany-Benchmark-Policy-Guidelines-Glass-Lewis.pdf?hsCtaTracking=8a2d64a1-c708-4c55-8977-b9e7263e1dcf%7C7d32bf7f-fbfa-4a79-9cd3-49cc36a2c004. Zugegriffen: 31. Jan 2025

Gleißner W, Ihlau S, Lucks K, Meckl R (2023) Aktuelle Herausforderungen bei M&A. Corporate Finance 1–2:46–52

Gotthardt JE, Krengel M (2018). Reformbedürftigkeit des Spruchverfahrens: Die Aktiengesellschaft. https://doi.org/10.9785/ag-2018-632306

Goydan P, Brunelli J, Poulsen M-B, Kelley K, de Bellefonds N (2024) Leading edge. How pioneering companies achieve cost excellence. https://web-assets.bcg.com/a2/37/4c8c499f48e48ba69882f5314bbf/ft-report-nov-2024-edit.pdf. Zugegriffen: 31. Jan 2025

Graewe D (2023) ESG-Kompetenzen im Aufsichtsrat: das unentdeckte Land. Der Aufsichtsrat 3(20):34–35

Graßl B, Nikoleyczik T (2017). Shareholder Activism und Investor Activism: Die Aktiengesellschaft. https://doi.org/10.9785/ag-2017-0303

Gröntgen F (2020) Operativer shareholder activism. Carl Heymanns, Köln

Heinen V (2019) Die Rolle institutioneller Investoren und Stimmrechtsberater in der deutschen Corporate Governance. Springer Gabler, Wiesbaden

Heismann G (2015) Rebellische Aktionäre. Finance, Mai/Juni, S 10–14

Henisz W, Koller T, Nuttall R (2019) Five ways that ESG creates values. https://www.mckinsey.com/~/media/McKinsey/Business%20Functions/Strategy%20and%20Corporate%20Finance/Our%20Insights/Five%20ways%20that%20ESG%20creates%20value/Five-ways-that-ESG-creates-value.ashx. Zugegriffen: 31. Jan 2025

Herchen H, Mayer-Uellner R, von Zehmen D (2022) ESG Shareholder Activism. ESGZ – Fachzeitschrift für Nachhaltigkeit und Recht 1:53–54

Herfs A (2019) Aktionärsaktivismus in Deutschland – wie Hedgefonds Einfluss auf M&A-Transaktionen nehmen. M&A-Review 9(30):255–260

Hoffmann CP, Fieseler C (2022) Shareholder Activism als Herausforderung für die Investor Relations und Finanzkommunikation. In: Hoffmann CP, Schierek D, Zerfaß A (Hrsg) Handbuch Investor Relations und Finanzkommunikation, Springer Wiesbaden, S 473–487

Hollerung L (2024) Sustainable Mergers & Acquisitions – eine Bestandsaufnahme. Zeitschrift für das gesamte Handelsrecht und Wirtschaftsrecht 1:148–175

Illert S, Schneider C (2022) Environment – Social – Governance 2022: ESG und Shareholder Aktivism. Der Betrieb, Beilage 22:33–35

ISS (2024) Continental Europe, Proxy Voting Guidelines, Benchmark Policy Guidelines 2024. https://www.issgovernance.com/file/policy/active/emea/Europe-Voting-Guidelines.pdf. Zugegriffen: 31. Jan 2025

Morgan JP (2014): Knocking on the door – Shareholder activism in Europe: Five things you need to know, o.O

Jansen J (2024, März 1) Was der Umbau in Vorstand und Aufsichtsrat für Bayer bedeutet. Frankfurter Allgemeine Zeitung https://www.faz.net/aktuell/wirtschaft/unternehmen/was-der-umbau-in-vorstand-und-aufsichtsrat-fuer-bayer-bedeutet-19557458.html. Zugegriffen: 31. Jan 2025

Jaspers P (2022a) „Sustainable Shareholder Activism" in Publikumsgesellschaften – „Level Playing Field" in Deutschland, Österreich und der Schweiz. Nachhaltigkeitsrecht 2:154–165

Jaspers P (2022b) Sustainable Shareholder Activism. Neue Herausforderung für die aktienrechtliche Beratung. Die Aktiengesellschaft. https://doi.org/10.9785/ag-2021-670514

Jostarndt, P, Wolf R, Degen D (2020) Aktivistische Investoren. Widerstand zwecklos? Wie Unternehmen von aktivistischen Investoren profitieren können. https://media-publications.bcg.com/BCG-Aktivistische-Investoren-Report-2020.pdf. Zugegriffen: 31. Jan 2025

Klingebiel M, Klingebiel N (2022a) Short Selling. das Wirtschaftsstudium (WISU) 51:1040–1045 und 1078

Klingebiel M, Klingebiel N (2022b) Kosten- und Umsatzsynergien als Akquisitionsmotiv – Eine Bestandsaufnahme. Zeitschrift für Internationale Rechnungslegung 17:69–76

Klingebiel N. (2001): Performance- und Informationsdruck am Kapitalmarkt. Der Controller als Boardmember? Zeitschrift für Planung (J Planning) 1(12):1–24

Klingebiel N, Klingebiel M (2022c) Institutionelle Investoren und Strategien des Shareholder Activism. Wirtschaftswissenschaftliches Studium (WiSt) 51:4–11

Kocher D (2016) Strategien im Umgang mit aktivistischen Aktionären und Investoren in Deutschland. Der Betrieb 69:2887–2892

Kolat GL (2014) Shareholder Activism durch institutionelle Investoren. Kovač, Hamburg

KPMG (2024) Global ESG due diligence study 2024, https://assets.kpmg.com/content/dam/kpmg/xx/pdf/2024/06/esg-due-diligence-study-2024.pdf. Zugegriffen: 31. Jan 2025

Lackmann J (2010) Die Auswirkungen der Nachhaltigkeitsberichterstattung auf den Kapitalmarkt. Eine empirische Analyse. Gabler, Wiesbaden

Lackmann J, Stich M, Stich M (2024) Prüfung der ESG-Berichterstattung gemäß CSRD Herausforderungen und wichtige Handlungsfelder: Der Aufsichtsrat 2(21):18–20

Landsittel J (2019) Investorenkommunikation unter besonderer Berücksichtigung der persönlichen Investorenkommunikation des Aufsichtsrats und seines Vorsitzenden. Duncker & Humblot, Berlin

Langenbucher K (2018) Die Einflussnahme von Aktionären auf die Zusammensetzung des Vorstands. In: Dreher M, Drescher I, Mülbert PO, Verse DA (Hrsg) Festschrift für Alfred Bergmann zum 65. Geburtstag am 13. Juli 2018. De Gruyter, Berlin/Bosten, S 443–456

Langenbucher K, Hau D, Wentz J (2019) „Aktivistische Leerverkäufer" – eine Überlegung zur Markteffizienz und deren Grenzen im Kapitalmarktrecht. Zeitschrift für Bankrecht und Bankwirtschaft. https://doi.org/10.15375/zbb-2019-0505

Lazard (2018) 2018 Review of Shareholder Activism. https://www.lazard.com/media/m35
ntdue/lazards-2018-review-of-shareholder-activism.pdf. Zugegriffen: 31. Jan 2025

Lazard. (2025). Annual Review of Shareholder Activism 2024. https://www.lazard.com/res
earch-insights/annual-review-of-shareholder-activism-2024/. Zugegriffen: 31. Jan 2025

von der Linden K, Winkler L (2023) Envrionment – Social – Governance 2023: Die Hauptversammlung wird grün: Der Betrieb, Beilage 21:40–41

Link SP (2021) Shareholder und Investor Activism – Rechtsfragen der aktuellen Praxis.
Zeitschrift für Unternehmens- und Gesellschaftsrecht. https://doi.org/10.1515/zgr-2021-
0029

Maier A (2019) Der Kapitalismus frisst seine Kinder. Manager Magazin 7(49):62–66

Managed Funds Association (2022, June) The Use of Short Selling to Achieve ESG
Goals. https://www.mfaalts.org/wp-content/uploads/2022/09/ESG-Short-Selling-White-
Paper.pdf. Zugegriffen: 31. Jan 2025

Mannweiler A (2021, Oktober 1) Aktivistische Investoren im grünen Kostüm. Frankfurter
Allgemeine Zeitung. https://www.faz.net/aktuell/finanzen/aktivistische-investoren-ploetz
lich-gute-heuschrecke-17565519.html. Zugegriffen: 31. Jan 2025

Mellert RC, Tucher M, Kadau Y (2022) ESG in der M&A-Strategie. https://www2.deloitte.
com/de/de/pages/mergers-and-acquisitions/articles/esg-in-der-m-and-a-strategie.html.
Zugegriffen: 31. Jan 2025

Nicolai AT, Thomas TW (2004) Investoren-Aktivismus. Ursachen und Auswirkungen. Wirtschaftswissenschaftliches Studium (WiSt) 33:20–24

Palan D (2023) Die Spalter. Manager Magazin 4(53):88–90

Pérez L, Hun V, Samandari H, Nuttall R, Bellone D (2022) How to make ESG real. McK-
insey Quarterly. file:///C:/Users/Klingebiel/Downloads/how-to-make-esg-real-vf-1.pdf.
Zugegriffen: 31. Jan 2025

Plagemann N, Rahlmeyer N (2015) Vier Corporate Governance Trends für 2015. Neue Zeitschrift für Gesellschaftsrecht 18:895–899

Rabe J (2021) Eine Frage der Governance: Wonach differenzieren Anleger wirklich? Asset
Management, Nr. 4/2021 (Publikation wird auf Anfrage vom Bankhaus Metzler überlassen)

Rahlmeyer N (2016) Deal Activism – Eine Herausforderung für Aufsichtsräte. Der Aufsichtsrat 3(13):36–37

Ries I (2023) Verankerung von ESG-Zielen in der Vergütungsstrategie. Anregungen der
Finanzbranche für eine Verknüpfung von Geschäfts-, Nachhaltigkeits- und Vergütungsstrategie, Der Aufsichtsrat 7(20):100–101

Ruhkamp C (2021, Dezember 31) Grüne Aktivisten. Börsen Zeitung 253(50)

Schäfer A, Wucherer W (2023) Aktivistische Aktionäre in AG und SE: Neue Akteure, alte
Instrumente. Chancen für eine Renaissance der Hauptversammlung? Die Aktiengesellschaft. https://https://doi.org/10.9785/ag-2023-6813-1413

Schlimbach F (2015) Leerverkäufe. Die Regulierung des gedeckten und ungedeckten Leer-
verkaufs in der Europäischen Union. Mohr Siebeck, Tübingen

Schmidbauer D (2023) Öffentliche Übernahmen und Strukturmaßnahmen im Visier aktivistischer Aktionäre – Reaktionsmöglichkeiten. Neue Zeitschrift für Gesellschaftsrecht
26:1014–1019

Schmidt K (2020) Räuberische Aktionäre. Zeitschrift für Wirtschaftsrecht 41:2494–2496

Schmundt W (2016) Wenn Reden Gold ist: Der richtige Umgang mit aktivistischen Investoren. M&A Review 6(27):204–210

Schockenhoff M, Culmann J (2015) Shareholder Activism in Deutschland. Zeitschrift für Wirtschaftsrecht 36:297–307

Smith MP (1996) Shareholder Activism by Institutional Investor: Evidence from CalPers. J Financ 61:227–252

Smolka KM (2021, Dezember 9) ESG-Investoren. Nachhaltigkeit beschleunigt jetzt auch das Fusionsgeschäft. Frankfurter Allgemeine Zeitung. https://www.faz.net/aktuell/finanzen/finanzmarkt/esg-beschleunigt-jetzt-auch-das-fusionsgeschaeft-17675863.html. Zugegriffen: 31. Jan 2025

Smolka KM (2023, Februar 10) Wie Hedgefonds große Konzerne unter Druck setzen. Frankfurter Allgemeine Zeitung. https://www.faz.net/aktuell/wirtschaft/unternehmen/wie-hedgefonds-grosse-konzerne-unter-druck-setzen-18669341.html. Zugegriffen: 31. Jan 2025

Solheim S (2020) Die wachsende Bedeutung von ESG-Faktoren für den M&A-Prozess. M&A-Review 12(31):394–397

Taylor Wessing (2020) Corona und ESG als Katalysator für aktivistische Aktionäre? https://www.taylorwessing.com/de/insights-and-events/insights/2020/07/corona-und-esg-als-katalysator-fuer-aktivistische-aktionaere. Zugegriffen: 31. Jan 2025

Traugott R, Patzer S, Bartz S (2021, April 23) ESG gewinnt in Transaktionen an Bedeutung. Börsen-Zeitung 78(9)

Tucher M, Drapatz R (2021) ESG-Faktoren in M&A-Transaktionen: Von Nachhaltigkeitsrisiken zur nachhaltigen Wertsteigerung. Rethinking Finance 6(3):32–37

Vetter J (2023) Aktionäre als Treiber für Nachhaltigkeit. In: Nietsch M (Hrsg) Nachhaltiges Aktienrecht. 9. Wiesbadener Compliance-Tag der EBS Law School – Center for Corporate Compliance. Nomos, Baden-Baden, S 71–134

Waßmann A (2021) Die Auswirkungen von ESG-Faktoren auf den M&A-Prozess – Die Perspektive eines M&A-Beraters. M&A-Review 11(32):377–379

Weber R, Cervellini M (2017) (Hedge-)Fonds in Aufsichtsräten börsennotierter Gesellschaften. BOARD 2(7):57–61

Wehnert A (2024, April 24) Unternehmen zittern vor einflussreichen US-Aktivisten. Börsen-Zeitung 79(3)

Wolf R, Burkhard J, Gao S, Picco P (2022) Aktivistische Investoren. Den Blickwinkel aktivistischer Aktionäre einnehmen: Eine Chance für Unternehmen? https://web-assets.bcg.com/ee/63/2590c669434992b96fa188112469/2022-shareholder-engagement-aktivistische-investoren.pdf. Zugegriffen: 31. Jan 2025

Zehmen von D, Herchen H (2021) ESG-aktivistische Investoren auf dem Vormarsch. https://www.cmshs-bloggt.de/rechtsthemen/sustainability/sustainability-corporate-governance-risk-compliance/esg-aktivistische-investoren-auf-dem-vormarsch/. Zugegriffen: 31. Jan 2025

Zülch H (2023) Bedeutung der Finanzkommunikation für den Aufsichtsrat. Der Aufsichtsrat 5(20):69–71